Nikola Hahn
Meer für die Füße!

Autorin

Nikola Hahn, Jahrgang 1963, gehörte 1984 zu den ersten Frauen, die in die Hessische Bereitschaftspolizei eingestellt wurden. Nach ihrem Wechsel zur Kriminalpolizei im Jahr 1990 arbeitete sie als Ermittlerin und Sachgebietsleiterin unter anderem in den Kommissariaten für Geldfälschungs- und Tötungsdelikte, Raub und Erpressung. Ab dem Jahr 2004 war die heutige Erste Kriminalhauptkommissarin an der Polizeiakademie Hessen für die Entwicklung und Umsetzung eines landesweiten Konzepts für die Vernehmungsfortbildung zuständig. Außerdem verantwortete sie zehn Jahre lang die Aus- und Fortbildung der hessischen Polizeipressesprecher. Seit dem Sommersemester 2017 lehrt Nikola Hahn hauptberuflich Kriminalwissenschaften an der Hessischen Hochschule für Polizei und Verwaltung.

Parallel zu ihrer Polizeilaufbahn absolvierte Nikola Hahn eine mehrjährige Ausbildung in Belletristik, Lyrik, Journalismus und Sachliteratur; sie veröffentlichte in Anthologien und Zeitschriften und arbeitete nebenberuflich für eine Tageszeitung. Von 1993 bis 1996 war sie Redaktionsmitglied und Autorin der Hessischen Polizeirundschau. Außerdem gehörte sie mehrere Jahre lang der Redaktion einer Literaturzeitschrift an, führte Interviews, schrieb Rezensionen und das Editorial.

Eine Auswahl von Nikola Hahns Lyrik und Kurzprosa wurde erstmals 1995 unter dem Titel *Baumgesicht* als Buchausgabe publiziert. Ihr Romandebüt *Die Detektivin*, ein historischer Kriminalroman, erschien 1998. Es folgten weitere Romane und ein zweiter Lyrikband. Als Autorin und Schriftstellerin ist Nikola Hahn nicht auf ein Genre festgelegt: Neben Lyrik, Kurzprosa und Romanen umfasst ihre Bibliografie Märchen, Autobiografisches, Sach- und Fachliteratur. Darüber hinaus ist sie als bildende Künstlerin tätig (Fotografie, Zeichnungen, Digital Art). Als Mitinhaberin eines Künstler-Cafés lud sie regelmäßig zu Vernissagen, Lesungen und Diskussionen ein.

Nikola Hahn engagiert sich in verschiedenen sozialen Projekten; sie unterstützt die Nabu-Stiftung Nationales Naturerbe und ist Botschafterin der Initiative „Respekt! Kein Platz für Rassismus".

www.nikola-hahn.de

Nikola Hahn

Meer für die Füße!

Lyrische Lästereien

Die Deutsche Nationalbibliothek verzeichnet diese Publikation in der Deutschen Nationalbibliografie; detaillierte bibliografische Daten sind im Internet über http://dnb.dnb.de abrufbar.

1. geb. Auflage März 2021
© Thoni Verlag 2020
www.thoni-verlag.com
Titelgestaltung, Satz u. Layout: N. Hahn
Druck und Bindung: WirMachenDruck GmbH
Mühlbachstr. 7, 71522 Backnang

ISBN 978-3-944177-63-2

Für Tild,
Theo Czernik *in memoriam*
und den
Weißen Philosophen
von Le Dramont

Denk ich an Deutschland in der Nacht,
Dann bin ich um den Schlaf gebracht,
Ich kann nicht mehr die Augen schließen,
Und meine heißen Tränen fließen.
(Heinrich Heine)

Inhalt

Statt eines Vorworts—15

Die Treppe am Meer—17
Nicht auf Rezept—18
Ihr da hüben!—18
Wir schaffen das!—19
Unser Bruder, das Luder—19
Requiem I—21
Donnerkeil!—21
Forever Young—23
Der Spiegel und die Lampe—24
An Cajam—25
Nörgeln—25
Es lebe die Dummheit!—25
Das Buch aus der Leihbibliothek—26
Gesellschaft—26
Die junge Dichterin—27
YinYang—28
Der Keller auf dem Dach—29
Glück—30
Der die das—31
Später, zu Hause—32
Die Seriösen—33
Aus der—33
Schlachtfest—34
Liebe Feinde! —35
Luftveränderung—35
Hausgemacht—36

Elite—36
Junge Autoren—37
Man nehme—38
Das ästhetische Wiesel—39
Denk, Apparat!—39
Jünger—40
Regieanweisung—40
Modern—41
Drauf gepfiffen—41
Ich liebe Sterne—42
Ende Gelände—43
Lauter Vorurteile—44
Pädagogik—44
Gereimtes Geheuer—45
Abschiedslied—45
Immer Dichter—46
Heimweg—46
Oben ohne—47
Dumme Kuh!—47
Schlauer Bauer—48
Klagelied der Grasfrösche—51
Herbert und die Enten—56
Willis Lattenzaun—58
Nachgelassene Gedanken—59
Die Karriereleiter—61
Weilen und eilen zuweilen—62
Philosophie—63
Gerüchteküche—64
Bekenntnis einer jungen Sängerin—64
Blanke Folter!—65
Gackerei—66
Kack-Ei—67

Dichtergelichter—68
Wir sind so bunt: Poesie im Jahresrund—68
Was stört's die Eiche—69
Kleiner Garten im Meer—70
Fremde bewegliche Sachen—71
Gedicht 1—71
Gedicht 2—71
Liszt frisst—72
Mehr!—72
Arrangiertes Rendezvous—73
Innere Größe—73
Falsche Verdächtigung—74
Alle Wetter!—75
Stratford-upon-Avon—76
Der hau ju!—76
Emanzipation I—77
Emanzipation II—77
Gerührt und geschüttelt I—77
Gerührt und geschüttelt II—77
Gerührt und geschüttelt III—77
Akt IV—78
Smalltalk—78
Workout—79
Klebstoff—80
Götes Flöte—80
Jugend musiziert—80
Komma!—81
Kläffer—81
Güllegrube—82
Flatland—82
Die Debatte—82
Was der Geier weiß—86

So ein Mist!—86
Disput—87
Kreativ—87
Erinnerungen sind schräge Vögel—88
Worte wandeln—89
Was nun—89
Wie—89
Haha!—89
Das Meer—90
Vorstellung—91
That's it—94
Rappel!—94
Nichts—94
Meine Oma in Berlin—95
Die Geschichte von den schwarzen Buben—99
Ödland—101
Der Mohr kann gehen—107
Dichter—108
Was Autoren tun—108
Poem—108
Aus dem Tritt—109
Würde ich tun—110
Dreihundertmal—111
Verzeihung—111
Kleine Dinge—111
Das Kleine-Dinge-ABC—112
Erste Hilfe bei Burnout—116
Wechsel der Dynastie in der Philosophenschule—117
Nichts—117
Hohe Politik—118
Kinderlied—118
Streber—120

Rechthaber—121
Modern Talking—121
J'existe—122
Ach so!—122
Sie kam, sah und—123
Carpe diem—123
Versuch, einen Brief zu schreiben—124
Pour Belle—124
Juristische Darreichung—125
Die Poesie des Strafrechts—127
Folgen der Gesetze—135
Heimelig—135
Rücksicht? Natürlich keine!—136
Streik in allen Gassen!—136
Wandervolle Freunde—137
Berliner Ballade—138
Tipp—138
Unglücksfall—139
Ohne jeden Sinngewinn!—141
Kritiküsse—141
Einreichung—142
Nr. 97—144
Nr. 98—144
Nr. 99—144
Nach der Lektüre eines Manuskripts mit Gedichten—145
Erzählkunst—146
Schwarz fehlt—147
Nachtgespenster—147
Morgenstund—147
Der Dinosaurier wird immer trauriger—148
Fix Glücklich—149
Käse!—150

Die neuesten Regeln in der Politik—151
Et altera pars—151
O tempora, o mores!—151
Der Kobold—152
Die Schaumgeborene—153
Grüner Daumen—157
Letzte Tischrede—157
Ich liebte die Sterne. Requiem II—158
Nur—159
Attacke—160
Polizist?—161
Hoffnung? Nein, danke!—161
Nur einmal noch—163
Ein Märchen für Klärchen—170
Eimer I—173
Die feuerrote Maus—173
Eimer II—174
Reminiszenz I. Erinnerung—174
Reminiszenz II. Verehrung—175
Frage—179
Abgesang—180
Der innere Architekt—183

Materialien und Anhang—185
  Entstehung
  Intention
  Dank
  Mitautoren
  PR
  Quellen
  Verlag
  Impressum

Statt eines Vorworts
Immer-zu-schweigen

Gröler und Nöler, besoffene Machos,
die aggressiv labern und Frauen verachten,
Plätze besetzen, Parks vermüllen,
Messer wetzen, Wände bepissen,
Regeln missachten, Straßen schlachten.

Rechte, die Parolen johlen,
Reichsflaggen hissen,
Verschwörung! brüllen, Juden verhöhnen,
Ausländer jagen, Unsagbares sagen.

Linke, die pöbeln, Journalisten vermöbeln,
Spaltpilze säen, statt zu versöhnen,
Unvermögen zur Satire erklären,
kritischen Künstlern Preise verwehren.

Betroffenheitsprofis, die online klagen,
Empörte, die fremde Türen bekehren,
Fantasten, die lauter Käse verbreiten,
Menschen ohne Kinderstube,
die aus der verbalen Jauchegrube
in asozialen Medien streiten.

Eiferer, die fern vom Leben an Ideen kleben,
naive Gören, die Systeme zerstören,
Experten benennen, die Standards nicht kennen.
Science to listen, Meinung statt Wissen.

Populistengeschwätz, Hetze und Hass:
Immerzu Lautes und Dummes hören –
Wollen wir das?

Die Treppe am Meer

– ist marod und verfallen,
sagten die Alten.
Drei Gestalten sind schon
heruntergefallen.

Der Erste war besoffen,
der Zweite dumm und geil;
den Dritten hat der Blitz getroffen.
Nur der Vierte nahm das Seil
und blieb heil.

Später hat des Ersten Sohn,
seines Zeichens Architekt,
die alte Treppe ferner Ahnen
völlig neu für sich entdeckt.

Er hat auf Tradition geschissen,
Seil und Geländer abgerissen
und alles Alte weggefahren.

Jetzt stecken ohne Sinn und Zweck,
wo dereinst die Stufen waren,
Stahlrohrstreben tief im Dreck.

Eine Treppe zum Meer?
– Ist lange her,
sagen die Alten.
Wir hätten sie gerne behalten.

Nicht auf Rezept

Wer Sprache verordnet,
sät Wind,
erntet Sturm.
Wörter sind keine Pillen.

Wie Lieder auf Vinyl
haben sie Rillen,
knacken und knistern
zuweilen,
springen beim Singen.

Wörter haben Gefühl,
sind Zwillen,
Schmerzen
heilen
zwischen den Zeilen.

Ihr da hüben!

Ich bin von drüben,
ich weiß das noch:
Sie nahmen
ein Wort fort
und glaubten, dass alle das glaubten,
wenn sie behaupten:
Nichts ist mehr dort!
Wir beklatschten artig
den neuen Rahmen
und dachten: Doch.
Ein Loch!

Wir schaffen das!

Gestern.
Unter Schwestern
im Garten.
Dichten. Warten.
Leim mich, oder ich näss dich!
Sie lachten und dachten:
du uns auch, blöder Schlauch!

Unser Bruder, das Luder

Heute.
Ich läute
bei meinen drei Schwestern.
Schon gestern
wollte ich sie besuchen.
Daheim
fiel mir ein Gedicht
ein ein
Reim Reim
dich oder ich
fress dich zum Kuchen
trinken wir Tee.

Zwei Schwestern lästern,
auch über den Schlauch.
Die erste guckt in den Himmel
und kifft.
Ich gehe suchen,
finde nur Schimmel,
doch kein Loch,

kann mir nichts zusammenreimen,
dichte immer noch,
als das dumme Ding
– pling! –
aus der Fassung springt.

Wassermassen
fließen, schießen,
und von einem See umringt,
rufe ich: Fontäne!,
ducke mich,
und sie trifft
zuerst die Tassen mit dem Tee,
dann die elegant mondäne
Schwester Nummer drei
– ein spitzer Schrei!
Schwester zwei kreischt:
Sauerei!
Nur die erste lächelt selig,
der ist alles einerlei.

Schließlich schwimmt der Kuchen,
Schwester eins fängt an zu suchen
in dem nassen Brei:
Wüste
Mein Shit ist auch dabei!
Wilde Wörter keimen,
und Nachbars Ilse
hört uns alle viere wie die Tiere
laut und herzhaft fluchen.

Requiem I

Der Teetopf war so wunderschön,
sie liebte ihn mehr als ihr Leben!
Der dumme Schlauch hat mit Gedröhn
ihm nun den Todesstoß gegeben.

Den Kummer, den sie da empfand,
den wird sie nie vergessen!
Traurig nimmt sie die Scherben zur Hand:
So hat's vorhin noch zusammengesessen.

Donnerkeil!

Es gab Zeiten im Land,
da nahmen die Flüche so überhand,
dass man meinte, das täte jetzt not,
und Fluchen bei Strafe verbot.

Wenn ich nicht donnern und wettern kann,
fang ich erst gar nicht zu arbeiten an!,
rief der Bauer vom Feld.

Und der Wirt, ein braver Mann:
Wenn ich nicht mehr zetern darf,
weil wieder einer die Zeche prellt:
Woher, bitte, krieg ich mein Geld?

Überall schauten sich Menschen an:
Was soll dieses dumme Getöse?
Wir schimpfen, ja, aber meinen's nicht böse.

Selbst ein kluger Professor sah ein:
Nicht mehr fluchen auf Erden?
Das kann ja nichts werden!

Als er dann nachts
durch die Straßen schlendert
und denkt, wie sehr sich
die Welt verändert,
trifft er zwei nette Studenten.
Ob sie ihm vielleicht helfen könnten?

Sie hören ihm zu und lachen.
Wir sind doch Juristen! Jawohl!
Wir werden Ihnen Wörter machen,
die hören sich schlimmer als Flüche an,
und sind tatsächlich so leer und so hohl,
dass niemand Sie verklagen kann!

Und gleich übersetzten sie fröhlich und froh
die ersten Flüche in etwa so:
Hol mich er Teufel! – Hol mir das Pfeiffel!
Blitz alle Hagel! – Sitz alter Nagel!
Kreuzdonnerwetter! – Reitrumherrvetter!

Es dauert die halbe Nacht,
dann haben sie dem Prof alles beigebracht.
Nun ruft er beschwingt: Ich lach dem Gericht,
Hol mir das Pfeiffel, nun ins Gesicht!
Sitz alter Nagel!, stießen sie an.
Es lebe der Mann, der sich helfen kann!

Forever Young

Morgens tut der Rücken weh,
mittags schmerzen Kopf und Beine,
abends folgt der große Zeh,
nachts schlaf ich alleine.

Ständig suche ich nach Brillen,
weil ich sonst nichts sehe.
Doch wehe!, sollte einer wagen,
mir das laut zu sagen.

Ich ziehe schicke Schuhe an,
die spitzen, hohen, roten.
Der Minirock steht mir noch gut,
so wie in jungen Jahren.

Und mein Spiegel an der Wand,
im Dämmerlicht,
lobt mich sehr für meinen Mut,
sehe ich die Falten nicht.

Drehe ich mich draußen um,
und folgen Pfiffen nurmehr Zoten,
finde ich das reichlich dumm,
und überhaupt: Tageslicht gehört verboten!

Ich denke mir: Was seid ihr kleinlich!
Meine Fältchen und die Schmerzen
kann ich charmant mit festem Willen
lächeln lassen, denn im Herzen:
Bin ich ewig jung!

Neulich ist es dann passiert.
Mein Gott, war mir das peinlich!
Erst hat es ordentlich pressiert
und dann mein Darm versagt.

Ich bin sofort nach Haus gefahren,
und keiner hat's gesehen.
Doch was geschehen ist,
das ist nun mal geschehen.

Nach dem Duschen schalt ich dann
– aus Versehen! – die Deckenlampe an.
Und das Spieglein an der Wand
gibt mir gnadenlos bekannt:

Tja, meine Liebe, es ist wahr:
Der Zahn der Zeit hat hier und da
genüsslich an dir rumgenagt.

Der Spiegel und die Lampe

Sie faule, verbummelte Schlampe!,
sagte der Spiegel zur Lampe.
Sie altes, schmieriges Scherbenstück!,
gab die Lampe dem Spiegel zurück.
Der Spiegel in seiner Erbitterung
bekam einen ganz gewaltigen Sprung.
Die zornige Lampe kam außer Puste:
Sie fauchte, rauchte und rußte.
Die Putzfrau ließ die beiden in Ruhe.
Und doch schob man ihr die Schuld in die Schuhe.

An Cajam

Glauben Sie mir, mich schreckt nicht die Zahl Ihrer Jahre:
Doch Ihr jüngster Bruder hat den Kopf voller grauer Haare!

Nörgeln

Nörgeln ist das Allerschlimmste,
keiner ist davon erbaut;
keiner fährt, und wär's der Dümmste,
gern aus seiner werten Haut.

Es lebe die Dummheit!

Wer nur der Wahrheit nachgespürt hat,
der hat nicht viel vollbracht.
Doch wer die Dummheit ausstudiert hat,
sein Meisterstück gemacht.

Was Weise tun, ist gut zu raten:
Sie sagen ja das Wann, Wie und Warum.
Bei Dummen heißt's durch Nebel waten,
vergebens guckt man sich hier um.

Der Weg der Dummheit ist Sumpfgelände,
nie findet man den Grund.
Und wenn ihn einer doch mal einer fände,
so wär's für alle Zeiten der genialste Fund.

Dummheit ist eine gewaltige Macht,
sie führt selbst Heere an.
Ich glaube nicht, dass, selbst bei Nacht,
der stärkste Held sie je besiegen kann.

Das Buch aus der Leihbibliothek

Was ich hier in Händen halte,
das verknickte Buch, das alte;
dieses durch und durch beschmierte,
mit Eselsohren reich verzierte,
kaffee-, tee- und bierbefleckte,
von Fliegen, Öl und Fett bekleckste,
an dem als Spur der Wanderschaften
tausend schlechte Düfte haften,
dieses Buch, schäbig und entstellt:
liest die ganze Welt!

Ich bete nun zu Gott alltäglich,
auf dass auch meine Dichterei
dereinst so herrlich fettig sei!

Gesellschaft

Aus einer großen
Gesellschaft heraus
ging ein stiller Gelehrter
nach Haus.

Wie sind Sie zufrieden
gewesen?, wird er
gefragt.

Wenn's Bücher wären, ich
würd' sie nicht lesen,
hat er gesagt.

Die junge Dichterin

Sie hatte Talent. Sie komponierte Poesie
voller Gefühl und Sprachmelodie.
Ich liebte sie.
Ihr mystisch-lyrischer Reigen gewann
– zurecht – einen Preis.

Er bestand in der Ehre,
eine Stunde in kleiner Runde
vor den Großen – exklusiver Kreis! –
drei Gedichte zu lesen.

Und dann:
    Ach, Mädel, was bist du adrett!
    Was du da liest, klingt ja wirklich recht nett.
Zwischen den Zeilen:
    Wie kannst du junges Ding es wagen,
    diesen Murks hier vorzutragen?
Im Finale, alle:
    Liebes Kind, lass dir von uns sagen:
    Dichten heißt sich mühen, quälen, plagen!
    Tag und Nacht mit dem inn'ren Teufel ringen,
    Dämonen zu bezwingen!
Ein Blick zur Uhr.
    Wir möchten nur, dass du es richtig machst:
    Dichte niemals, wenn du lachst.

Die Zeit ist um. Das war's gewesen.
Die junge Dichterin nickt stumm,
steht auf, bedankt sich scheu.
Und mag's auch nicht so scheinen:
Sie konnte schon immer lächeln statt weinen.

Jahre später ist sie berühmt und bekannt.
Ihre Bücher, klug und prägnant,
werden gerühmt, faszinieren!
Sie denkt völlig neu;
ihre Analysen, klar und nüchtern,
inspirieren, sind mehr als brisant:
Sie lassen Großes plötzlich klein erscheinen.

Sie ist längst nicht mehr schüchtern,
sondern wortstark und schlau.
Sie ist begehrt und erfolgreich wie nie.
Eine schöne, elegante, sinnliche Frau!
Ich verehre sie.

Die stille Poetin vermisse ich sehr.
Gedichte
schrieb sie nie mehr.

YinYang

Schattiges formt, gibt Gestalt.
Die Welt wäre flach ohne Schatten.
Schatten schenken Tiefe und Halt.
Schatten kommen vom Licht.
Wenn der Himmel weint,
siehst du sie nicht.

Der Keller auf dem Dach

Das Leben ist ein Haus.
So viele Türen und Fenster!
Es schaut verwirrend aus.

Willst du Wind und Sonne spüren?
Lüfte! Mach sie auf!
Willst du Tiefe haben?
Gehe nachts im Keller graben.
Im Dunkeln siehst du die Gespenster.
Jag sie raus! Es gibt ja Fenster.

Willst du fliegen, steig aufs Dach rauf!
Schau die Möwen und die Raben:
weiß und schwarz und jung und alt,
unten, oben, trocken, nass,
hässlichschön und heiß und kalt.

All die vielen Türen führen,
Sehnsucht, Alltag, Lust und Last,
Wünsche und das wahre Leben
geben dir die Klinke in die Hand,
in große, kleine Zimmer:
hier die Träume, da die Wand,
hüben Arbeit, drüben Zeit,
rechts das Schöne glatt verkannt,
links die Mauer eingerannt.

Unten bist du Herr und Hüter,
oben oftmals nur zu Gast.
Doch wenn du sie besichtigt hast,
vergiss es nie:

Für helle wie für dunkle Räume,
weite, enge, alle Zimmer
gibt es Schlüssel – immer!

Manchmal musst du lange suchen,
öfter wirst du lauthals fluchen,
doch du findest sie: Es ist dein Haus,
dein Leben! Mach das Beste draus;
du kannst kein neues buchen.

Wenn du das verstanden hast,
darfst du ruhig nach draußen gehn.
Zuerst wirst du den Garten sehn,
Bäume, Blumen, wunderschön.

Dahinter Häuser, neue, alte, Türen, Fenster.
Unterm Mondlicht folgt die Bühne.
Schau! Sie spielen, so wie du, die vielen
Nachbarn, Freunde, Fremde, Feinde:
Alle jagen nachts Gespenster.

Glück

Wenn du weinend lachst,
ernsthaft voll Verrücktes machst,
und dein Partner spürt,
wo dein Ich das Meer berührt.

Der die das

Korona waren früher Leute,
die am Strand und ins Café
unversehens kamen. Manchmal fielen sie
ein bisschen aus dem Rahmen, störten,
weil sie nicht dazugehörten.

Corona, ja, das war
auch das exotisch gute Bier,
das ich, lang ist's her,
in meiner Kellerbar
zum Feierabend trank.

Heute protestieren wir,
und wir werden immer mehr!
Wir sind das Volk, die Massen,
die, fernab vom Karneval,
das Maskentragen hassen!

Doch die Dummheit in den Gassen,
der wir hier begegnen,
ist wirklich kaum zu fassen.

Chemtrails lassen Gifte regnen!
Ein Virus, das die Welt befällt?
Die Chinesen sind's gewesen!
Und außerdem sind alle längst
folgenlos genesen.

Corona heißt jetzt Vollattacke
auf unser schönes Grundgesetz!
Alles ist so ungerecht!

Ich fordere mein Menschenrecht
auf eine freie Macke!

Dunkle Mächte überall,
die Fakenews noch befeuern!
Ich hoffe, euch wird endlich klar,
dass diesen ganzen Affenstall
und diese große Kacke
grüne Monsterechsen steuern!

Später, zu Hause

Abends, fern der Massen,
fühle ich mich oft verlassen.
Ich gucke in mein Handy rein
und kann im Lampenschein
bei meinen vielen Freunden sein.

Hört ihr mich? Ich bin allein!
Ich brauche Trost und Mut!
Ich trinke eine Flasche Licher
und weiß sicher:
Ein bisschen Allohol tut gut.
Schon ist der Kasten leer.

Ich bin so voll, mein Kopf ist schwer,
mir wird ganz langsam klar:
Mein Leben, wie es einmal war,
das gibt's schon längst nicht mehr.

Ich nehme meinen Aluhut,
daddel auch mein Handy leer,
verliere die Geduld.
Ich zieh mir eine Kippe rein
und schlafe auf dem Sofa ein.

Die Wahrheit sehen braucht viel Mut:
Die allerschlimmsten Fakenewsferkel,
Gatter-Bill und Mama Merkel,
sind an allem schuld!

Die Seriösen

Das Geld ist weg, die Arbeit knapp,
die Konjunktur sank tief herab.
Wer sich und uns derart verwirrt hat,
wer dauernd sich so oft geirrt hat,
wer sich in allen schweren Tagen
nur Pleiten holt und Niederlagen,
ihr Helden der Finanz-Etappe:
Drei, zwei, eins – was du dir nimmst, ist deins!
Eins, zwei, drei – am Knast ganz glatt vorbei!
Erzählt uns nichts,
haltet endlich eure Klappe!

Aus der –

Kinder
Baum
Haus
Traum

Schlachtfest

Pressemeute! Kabarettisten! Politikstatisten!*

Wir glauben euch schon längst nichts mehr!
Ihr lügt und ihr betrügt!
Doch hört her!
Wir verkünden jetzt und hier und heute:

Wir sind die neue Meinungsmacht!
Wir sind die Netzverwalter, Schalter, Lenker!
Wir sind Kläger, Richter, Henker!
Gebt Acht, denn ihr entkommt uns nicht:
Wir sind das Social-Media-Standgericht.

Wer es wagt und widerspricht
– Beweise? Interessieren nicht! –
wird Tweet für Tweet entmachtet,
Tit for Tat geschlachtet!

Wer auf Einspruch nicht verzichtet
– Sei er Teufel oder Engel! –
wird von uns mit Stumpf und Stängel,
ohne jede Gnade, medial vernichtet
und persönlich hingerichtet!

PS: Im Grund geht es ja nur darum:
Wer anders denkt als wie wir,
ist einfach grundlos dumm!

*Auch wenn es nicht so scheint: Alle andern Fakenews-Ohren haben wir hier mitgemeint! (z. B.: Profess, Aut, Kommentat undsoweiterundsofort, zu jeder Zeit, an jedem Ort!)

Liebe Feinde!

Ihr habt mich weise gemacht,
Ihr seid ja so gute Feinde!
Erst hab ich geschimpft,
dann hab ich gelacht
über meine so treue Gemeinde.

Ihr habt mir gezeigt,
was ich bin, liebe Leute!
Ihr habt mich gelehrt,
wie man lächelt und schweigt.
Und wer hasst mich heute?

Luftveränderung

Du tauchst in fremde Städte ein,
läufst durch fremde Gassen;
hörst fremde Menschen schrein,
trinkst aus fremden Tassen.

Du reist in aller Welt umher,
querst Wüsten und Oasen;
du fährst hinaus aufs blaue Meer
und hörst den Mistral blasen.

Wenn du wieder Koffer packst
ohne Rast und Ruh,
und du fühlst dich angeknackst:
Im größten Koffer sitzt dein Du.

Hausgemacht

Die Selbstkritik hat viel für sich.
Gesetzt den Fall, ich tadel mich,
so hab ich erstens den Gewinn,
dass ich so schön bescheiden bin.
Zweitens denken sich die Leute:
Die Dichterin ist ehrlich heute!
Drittens schlachte ich die Enten
vor den fiesen Rezensenten!
Und viertens schließlich hoffe ich
auf Widerspruch, der mir gefällt.
So weiß dann bald die ganze Welt:
Ich bin genial! Und feiert mich.

Elite

Wer den Code kennt ist dran
den wird man protegieren dann
und wann wird er verlieren
weil er den Dress nicht zahlen kann –

Sodann wird das Parlieren
simultan. Sie generieren
Henker, Helfer, Richter.
Und unter aller Freundlichkeit
gefrieren die Gesichter.

Junge Autoren

Was die Jungen nur wollen!
Da schimpfen sie auf die Ollen,
und die verziehn sich still in ihre Nester
und überlassen der Jugend
gleich das ganze Orchester!

Schon folgt nur noch junges Geschrei,
und die jungen Alten sind vorn mit dabei:
Schon die Fünfzig auf dem Buckel haben,
Schnaufen beim Laufen, aber bei den Jungen graben!

Bloß nicht hinten bleiben!
Modern musst du schreiben!
Bloß nicht das eigene Leben leben!
Jung musst du dich geben!

Freie Fahrt, wo vorher Haupthaar war,
drei Brillen im Wechsel, aber sonnenklar:
Für eine Pubertät ist es nie zu spät!

Und die junge Generation?
Könnt ihr was? Ja, dann macht doch schon!
Wenn's nicht gleich klappt: Es ist nicht der Pass.
Es gibt alte Esel und junge Talente;
Geburtsscheine sind keine Argumente!
Und Neunzehn ist keine Qualifikation.

Noch nie hat man sich so um Jugend gerissen;
Direktoren, Verleger warten servil:
Als hätten die Musen nur Junge gebissen!
Doch spielt erst mal gut. Und schreit nicht so viel.

Man nehme:

Einen Kübel voll Kitsch,
mit Wonne eine ganze Tonne
wohlfeile Wörter und Silben,
würze pro Zeile mit einem Reim,
der sich selber frisst
und mixe den Mist.

Noch bevor er im Ofen ist,
beschwert sich gebührlich
der Meister über den Kleister,
kriegt Krätze von den Milben,
würgt und spuckt Schleim:
Hausfrauenlürig!
Ohne jeden Sinn.
Ohne jeden Zweck.
Schafft sofort den Müll hier weg!

Klein Lisa kippt den Kübel hin.
Was drin ist, kullert raus.
Sie lacht.
Guck mal, Onkel: Nur für dich gemacht!
So sieht ein Scherzkeks aus.

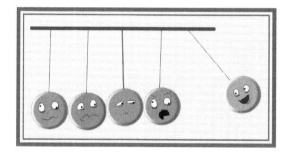

Das ästhetische Wiesel

Ein Wiesel
saß auf einem Kiesel
inmitten Bachgeriesel.

Wisst ihr,
weshalb?

Das Mondkalb
verriet es mir
im Stillen:

Das raffinier-
te Tier
tat's um des Reimes willen.

Denk, Apparat!

Schabernack ist Kack
Bunt angestrichen
Dem Denken deutlich ausgewichen
Am Ernst ganz knapp vorbeigeschrappt.
Hihaho! Es hat geklappt!

Der Ernst steht auf, wischt sich den Po.
Er grinst. Mit sechzehn er war ebenso
Fix.

Jünger

Sie rennen Treppen rauf
und schauen runter,
queren Straßen, Gassen,
müssen die Augen
stets unten lassen.

Wo immer
sie gehen und stehen,
vergessen sie zuhauf,
divers und immer bunter,
mal nach oben zu sehen.

Ist der Himmel ein blauer?
Ziehen Wolken vorbei?
Sie wissen es nicht.
Fest klebt das Gesicht
am Display, und dabei –

Schauten sie einmal genauer
nach vorn: Da, die Mauer!
Es wäre nur ein Schritt:
Reales ist Schales?
Autsch! Nun sind wir quitt.

Regieanweisung

Du bist so schön braun!
1920 *(verächtlich):*   Schön? Bauer!
1970 *(lächelnd):*   Oh, danke!
2020 *(empört):*   Rassist!

Modern

Die Wahrheit ist ein Shake.
Man soll sie tüchtig schütteln,
bis Meinung alle Fakten frisst,
Reales nur mehr Schales ist,
am Glauben nicht zu rütteln.

Die Wirklichkeit ist ein Fake.
Ist doch klar: Kein Wort ist wahr!
Endlich Schluss mit zu viel Denken:
Fühlen statt immer nur wissen!
Ich! Ich! Ich! statt ständig du.

Mir geht's ja so beschissen.
Blöde Tipps kannst du dir schenken!
Hör mir gefälligst immerzuzu –

Drauf gepfiffen

Farbig ist das neue Schwarz,
was schert der Duden, Groß
zu schreiben.
Was nicht sein darf, darf nicht bleiben!
Schwarze Katzen, Löcher, Luder
wie des weißen Schafes Bruder,
schwarzsehn, -malen, Unglücksraben:
Sollt ihr ab sofort und rigoros
auf schwarzen Listen haben!

Himmel auch! Wie sag ich's nur?
Sprache ist Rassismus pur!

Ich liebe Sterne

Eine Frau
bin ich gerne.
Ich schau
in die Nacht.
Der Mond
hält Wacht:
Wie sie blinken, verblassen,
kann das Träumen kaum lassen.

Tags bin ich gerne,
ein Buch in der Hand,
am Strand.
Immer
ist Lesen
ein Vergnügen gewesen.
Nun nimmer.

Was ich am Himmel liebe,
zerhackt hier auf Papier,
Derdiedas auch immer schriebe,
die Wörter mir entzwei.
Sie holpern, stolpern, kleben
– Ich höre den stummen Schrei! –
fest im Genderbrei.

Ach, bitte habt Vertrauen!
Lasst uns einfach frei
Nettes, Böses, Schräges sagen,
lärmen, lästern, lächeln, fragen,
Scherze machen, Träume weben,
auf Altes bauen, Neues wagen.

Ende Gelände

Jagt die weißen Männer fort,
die ganzen elend Alten dort!
Die sabbern rum und nerven nur.
Sexisten pur in Reinkultur!

Shitstormt sie nieder,
macht sie tot!
Lasst ihnen bloß kein Rettungsboot,
sonst kommen sie noch wieder!

Als das Tagwerk ward vollbracht,
hat frau die Tür stolz zugemacht.
Hurra! Wir sind sie endlich los!
Wie frau die Welt verändern kann!

Nach und nach verschwanden
alle Bücher und Atlanten.
Und hol's der Daus, wo blieb denn nur
die wöchentliche Müllabfuhr?

Auch Teddybären, Thermosflaschen,
Flugzeuge, Autos, Supermarkt,
Gummibärchen, Eis am Stiel,
Computer, Handys, Smileys, Licht –

Gibt es ohne Männer nicht.
Im Dunkeln weint die kleine Anne.
Mein Kuscheltier ist nicht mehr hier!
Und dann: Wo ist mein lieber Opi bloß?

Die Mutter flucht. Der Tee ist kalt.
Es fehlt die Thermoskanne.

Lauter Vorurteile

Siehst du die junge, hübsche Blonde
neben dem feisten, fetten Kerl?
Da vorne, auf der großen Yacht!
Die Gute hat sicher eine Erbschaft gemacht.

Wie die sich auf der Liege räkelt!
Die Liege ist eine List!
Sie gibt uns ein Zeichen,
dass sie viel lieber häkelt,
und wie verzweifelt sie ist!

Hier, nimm mal das Fernglas!
Siehst du das? Ihre dicken, roten Lippen?
Der Kerl schlägt sie, dieses Rabenaas!
Bricht ihr vergnügt alle Rippen!
Legt sie nachts in Ketten!

Jetzt wirft sie ihn über Bord.
Das ist eiskalter Mord!
Fahr hin. Sofort!
Die Ärmste. Wir müssen sie retten!

Pädagogik

Die Bildung, die wir den Kindern erteilen,
bezweckt bei Licht besehen nur eben,
die übliche Masse von Vorurteilen
ihnen ins Leben mitzugeben.

Gereimtes Geheuer
Nomen est omen

Irgendein Fantast
hat flink und flott
die schöne Erde schief gemacht.
Oben hat der Liebe Gott
gerüttelt und geschüttelt,
unten haben sie sich krumm gelacht.

Bis den ganzen Ast,
auf dem sie gerade sicher saßen,
zwei schräge Sägen
einfach so zum Frühstück fraßen.
Ritscheratsche, Rirarutsch,
mitsamt der Blätter: alles futsch!

Abschiedslied

Machs gut, du alte Schraube!
Du warst mir so egal.
Mir schmeckt die Lebenstraube,
für dich war sie nur Qual.
Du kannst jetzt machen, was du wolltest;
ich störe dich nicht mehr dabei.
Ich weiß nicht, was du solltest,
doch bitte geh! Du bist jetzt frei.
Und selbst wenn du jetzt grolltest:
Es ist mir einerlei.
Ja, schrei nur, meine Liebe, schrei!

Immer Dichter

Ein betrunkener Dichter leerte
sein Glas auf jeden Zug,
dann warnte ihn sein Gefährte:
Hör auf! Du hast genug!

Dabei, vom Stuhl zu sinken,
rief der: Du bist nicht klug!
Zu viel kann man zwar trinken,
doch nie trinkt man genug.

Heimweg

Traurig ist's und jämmerlich,
wenn der Mensch im Dämmerlicht
früh den Weg nach Hause sucht
und dabei die Welt verflucht.

Auf dem grauen Pflasterstein
grinst Verzweiflung, Laster, Pein,
und vom schiefen Lampenpfahl
flackern Aberwitz und Qual.

In seinem allertiefsten Leid
stöbert die Vergangenheit –
und er steigt voll Scham und Schmach
einer späten Hure nach.

Oben ohne

Es geht auch ohne Reim,
dachte sich Rainer,
machte sich keinen.
Darauf stand er auf und fuhr heim.

Das glaubt mir keiner!,
dachte der Wirt.
He! Du hattest drei Kurze
und vier Humpen Bier!
Bezahl die gefälligst!
Verdammt, bleib hier!

Dumme Kuh!

Ein Ochse frisst das feine Gras
und lässt die groben Halme stehen.
Der Bauer geht ihm hinterher
und fängt bedächtig an zu mähen.

Und im Stall, zur Winterszeit,
muss der Ochse feste kauen:
Als grünes Gras hat er's verschmäht,
als Heu muss er es jetzt verdauen.

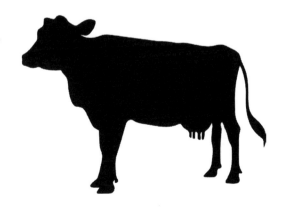

Schlauer Bauer

Bauer Willi will nicht mehr.
Die Äcker geben nicht viel her,
der Preis für Kuhmilch stimmte nie,
und das Futter für das liebe Vieh
wird langsam auch zu teuer.
Und was nicht minder misslich ist:
dass den Rest die Steuer frisst.

Was bleibt? Im *Grünen Baum* sich zu besaufen?
Vorm Kirchgang mit dem Sepp zu raufen?
Oder diesen ganzen Mist endlich zu verkaufen!

Dann kommt der Architekt vorbei,
und Willi hört den Jubelschrei:
Ein altes Haus?
Da mach ich was Modernes draus!
Bauer Willi ist nicht doof
und bietet ihm den ganzen Hof.

Der Architekt legt Pläne vor,
samt Stahlrohrtor fürs neue Haus.
Doch sein Besuch im Amt
geht übel aus: Das Gemäuer
respektive Stall nebst Scheuer
stehen unter Denkmalschutz!

Bauer Willi ist nicht bang;
er kennt sie allesamt:
Schließlich war des Bruders Schwester
von des Schwagers jüngstem Sohn
und dazu wohl noch der Neffe

beim Vater von dem Mann im Amt
vor kurzem noch in Brot und Lohn.
Im ersten Stock, zweiter Gang entlang!
Merk es dir: Meyer-Lutz, Zimmer vier!

Doch der Spross vom Onkel Meyer
hat das ganze Rumgeseier
kurzerhand und brüsk beendet:
Nicht schon wieder diese Leier!
Ich bin mit denen nicht verwandt!
Sagen Sie dem alten Geier,
dass er meine Zeit verschwendet!

Der Architekt ist stinkesauer!
Doch der schlaue Bauer lächelt,
während er dem arg Gestressten
mit dem Handtuch Luft zufächelt.
Weißt du was? Ich bin ganz froh,
denn das viele alte Stroh
fängt zuweilen einfach so,
meistens Abends, plötzlich Feuer.

Drei Tage später brennen
Stall und Scheune lichterloh,
und alle Dörfler rennen, löschen,
die Feuerwehr ja sowieso.
Sie pumpen Wasser aus dem Teich,
mitsamt den ganzen Fröschen.

Die Glut ertrinkt in Wassermassen,
Bauer Willi kann's nicht fassen:
Das Feuer hat den alten Stall
verqualmt, doch stehenlassen.

Das marode Dach,
erklärt der Architekt dann allen,
kann nun Fall auf Knall,
jederzeit mit Krach, und Ach!,
einfach so herunterfallen.

Nach Prüfung durch den Umweltschutz
entscheidet auch der Meyer-Lutz:
Der Architekt darf bauen.

Beim nächsten Kirchgang hätte Sepp
den Willi gern verhauen:
Was bist du für ein doofer Depp!
Der wird den Hof versauen!

Bald schon kommt der große Bagger,
Baukolonnen rücken an.
Die Männer schaffen wahrlich wacker,
schleppen Tonnen von Gestein
und setzen große Fenster ein.

Zum Schluss dann noch das Dach und
– Ach! Die streichen ja den ganzen Bau
in Novemberregengrau!
Die Bauern finden das verrückt,
die neuen Käufer sehr geglückt.

Die Dörfler gucken heimlich, tratschen:
Versteh die einer, diese Städter!
Drei Tropfen Regen, schlechtes Wetter,
ekeln sich vor Staub und Dreck – und jetzt das!

Die latschen durch die Jaucherinne
zu ihrer schicken *Outdoor-Bar*
und kippen den Champagner weg,
wo Willis Güllegrube war!

Seht ihr die *exklusive Loggia* oben?
Da drunter war der Schweinekoben!
Und nebendran, wo sie jetzt kochen,
hat's fürchterlich nach Mist gerochen.

Bauer Willi grinst und schweigt.
Ein Blick aufs Konto zeigt:
Alles ganz in seinem Sinne!

Klagelied der Grasfrösche

Mitten in der Nacht
sind alle Frösche aufgewacht,
und der dicke Herbert fragt:
Wer hat uns um den Schlaf gebracht?

Luisa gähnt und sagt:
Das hab ich mich grad auch gefragt.
Die Dörfler schreien, laufen;
es ist zum Schenkel raufen!

Plötzlich fällt ein langer Schlauch
mitten in die Konferenz. Er trifft
die stille Anne und den verpennten Klaus.
Igitt, ist der versifft!,
quakt er noch, dann ist es mit ihm aus.

Alle schwimmen wild im Teich herum.
Der saugt uns ja das Wasser weg!
Der bringt uns alle um!
Die Lena gräbt sich in den Dreck,
der Jürgen hüpft heraus.

Nur Herbert hat jetzt keine Lust,
irgendwas zu tun.
Er legt sich auf den großen Stein,
um noch ein wenig auszuruhn.

Um ihn drumherum
saugt der Schlauch die Nachbarn auf.
Schließlich macht es laut Kawumm!
Der Stein fällt um,
mitten auf das Hänschen drauf.

Ich habe es gewusst!,
quakt Luisa selbstbewusst.
Noch vor dem nächsten Sonnenschein
wird unsre Welt zu Ende sein!

Halt die Gosch!,
sagt der Häuptlingsfrosch.
Guck lieber, wo der Herbert ist,
bevor ihn eine Ente frisst!

Der dicke Herbert glaubt es kaum:
Was ist das für ein dummer Traum?
Er wird gesaugt, gedreht, geschüttelt,
massiert und durchgerüttelt!

Schließlich hat es Plopp! gemacht,
und mit den ganzen Wassermassen
schießt er in die Sternennacht.
Dicke Frösche können fliegen!
Er hat im Traum gelacht.

Plötzlich wird es ziemlich heiß,
und er weiß, doch glaubt es kaum:
Das ist kein Traum!
Das ist das Fegefeuer!
Seiner feuchten Fröschehaut
tut Höllenglut
nun gar nicht gut.

Schon erwacht sein Heldenmut:
Du hast mir meine Nacht versaut,
du fieses Ungeheuer!
Ich werde dich besiegen!

Zum ersten Mal in seinem Leben
will er wirklich alles geben.
Er zieht die Beine ein und auch den Bauch,
fliegt über eine Mutterkuh
und macht ganz fest die Augen zu.

Er taucht hinein in schwarzen Rauch,
dann sagt die Stalltür: Stopp!
Er stößt sich hart den Fröschekopp
und bleibt bewusstlos liegen.

Zerknautscht, zerbeult, müde, matt
versammeln sich am nächsten Morgen
die Überlebenden mit allen ihren Sorgen.
Sie gucken traurig in den Teich:
Die haben uns doch glatt und gleich
das Häuschen plattgemacht!

Ich hab's gewusst!,
doziert Luisa selbstbewusst.
Lena tritt ihr an das Bein,
und Jürgen fängt an rumzuschrein.

Hört jetzt auf mit dem Gekläff!,
schimpft der angerußte Fröschechef.
Wir leben noch und sind gesund!
Wir gehen da jetzt runter!
Das Wasser dort am Grund
reicht bis zum nächsten Regen.

Dann grinst er über beide Backen.
Und außerdem, ihr dummen Placken:
Ein Grasfrosch braucht im Sommer doch
überhaupt kein Regenloch!
Also, auf! Die müden Schenkel mal bewegen!

Und schon ruft Lena munter:
Ich geh als Erste runter!
Jürgen knurrt:
Der alte Knecht hat wieder recht.
Und Luisa schnurrt:
Das solltet ihr nicht glauben.
Die wollen heimlich hintenrum
unsre Wohnstatt rauben.

Sie fangen an zu diskutieren,
protestieren, rebellieren!
Sie streiten wie besessen.
Nur Lena denkt im Stillen:
Ging's nach meinem Willen,
ich tät's ja gern mal ausprobieren.
Der Vorschlag klingt doch prima.

Luisa will was sagen,
doch Jürgen stoppt sie wutentbrannt:
Tu was fürs gute Klima
und halte endlich deinen Rand!

Nun bricht der Streit erst richtig los:
Ihr Männer glaubt wohl, ihr seid groß!,
ruft Lena voller Wut,
wenn ihr uns Frauen den Mund verbieten tut!
Ach Gottchen, das Lottchen!
Zu doof, um einen Satz zu formulieren,
aber bei den Großen mitparlieren!
Halt dein Maul, du dummer Paul!
Ich könnte würgen!, krächzt der Jürgen.

Mitten ins Getöse
brüllt der Chef ganz böse:
Gebraucht mal den Verstand!
Zu spät. Schon ist er überrannt.

Das findet Lena nun wirklich nicht mehr prima,
denn das früher freundlich frohe Fröscheklima
ist wie Willis Scheune bis zum Grund verbrannt.

Hallo, Leute!, versucht sie es entspannt.
Vor lauter Streit ums Regenloch
haben wir doch glatt vergessen:
Herbert fehlt ja noch!

Herbert und die Enten

Die Ente und der Enterich, jung und schön,
wollen früh am Morgen Frösche fangen gehn.

Auf dem Weg zum Teich finden sie sogleich
den dicken Herbert, der zerknittert
vor ihren Schnäbeln sitzt und zittert.

Die Ente möchte ihn allein verschlingen,
doch das will ihr nicht gelingen.
Und so ziehen die Ente und der Enterich
am armen Herbert fürchterlich.

Erst ziehn sie quer, dann ziehn sie lang;
ihm wird im Magen flau, im Herzen bang.
Und wieder kämpft er wie ein Mann!
Ob ihm das wohl helfen kann?

Der Enterich packt ihn beim Kopf,
die Gattin würgt ihn wüst am Kropf.
Die beiden fangen an zu raufen,
und Herbert ist schnell weggelaufen.

Sie suchen ihn im Wasserrohr.
Herbert zieht den Bauch ein, springt hervor.

Schließlich stecken sie mit viel Geschnatter
ihre Köpfe durch Willis altes Weidengatter.

Herbert grinst und hüpft rasch fort;
die Enten bleiben schimpfend dort.
Doch denen hilft jetzt kein Geschnatter,
sie stecken fest im altem Gatter.

Drei Wochen war der Herbert krank.
Jetzt raucht er wieder, Gott sei Dank!

Willis Lattenzaun

Es war einmal ein Lattenzaun,
mit Zwischenraum, hindurchzuschaun.
Der Architekt, der dieses sah,
stand eines Abends plötzlich da –

Er nimmt den Zwischenraum heraus
und baut daraus ein großes Haus.
Der Zaun jedoch, der steht jetzt dumm
mit Latten ohne was drumrum
im Weg herum.

Die Bauern finden das gemein,
der Anblick ist auch grässlich.
Darum zieht der Meyer-Lutz,
zu aller Schutz,
den Ärmsten schließlich ein.

Und der Architekt entfloh,
über seine Flucht ganz froh,
von irgendwo nach nirgendwo.

Nachgelassene Gedanken

vorsatz
Jubelnd Feste feiern trinken,
Menschen, die zum Himmel winken,
Im Wein die Wahrheit, Kraft dem Mut:
Wird alles neu, wird alles gut.

ich
Sehnsucht haben, Geld genug,
Verlangen, Kaufen, Schenken:
Ich bin so gut, ich bin so klug,
Darf an mich selber denken.

du
Der Mond ist gehl, die Nacht gritzgrau,
Am Himmel blinken Sterne.
Die schwarze Katze sagt Miau.
Der Kater frisst sie gerne.

einige
Dass Herz und Schmerz sich reimen,
Weiß wirklich jedes Kind.
Dass Gras und Kräuter keimen,
Im Frühling jedes Rind.

worte
Wahrlich kunstvoll aufgeblasen,
Zynisch lächelnd hingesagt,
Nicht gedacht, die Wörter rasen,
Wirkung wird nicht nachgefragt.

nicht mehr
Die Welt ist rund und ziemlich breit,
Das Meer so tief, das All so weit,
Time is money, schlusspunktaus:
Wer nicht mitspielt, der fliegt raus!

hoffen
Die Sonne brennt und Gräser darren,
Rosen blühen, Bienen harren.
Erfolgreich, smart, die Frau von Welt
Bis gestern. Heute kaltgestellt.

vergebens
Schwarze Tränen, blaues Blut:
Falsche Bilder können
Trauer, Schmerzen, Hass und Wut
Die Ruhe nicht mehr gönnen.

fröhlich
Münder lächeln, Augen funkeln,
Hände stehen niemals still.
Scherze hört man gut im Dunkeln,
Tränen nur, wenn man es will.

einsam
Der Kaffee steht vom Morgen noch,
Die Luft ist abgestanden.
Sie fällt ins Freitagabendloch
Und fühlt sich missverstanden.

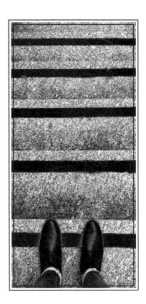

schlaf
Vögel singen, Kinder lachen,
Der Himmel blau, die Sonne scheint.
Drinnen Hoffen, Bangen, Wachen.
Am Bett ein Mensch, der leise weint.

weiter
Schnee fällt nieder, Glocken klingen,
Grauer Matsch am Wegesrand.
Geschenke kaufen, Lieder singen;
Dein Brief vergilbt mit rotem Band.

Die Karriereleiter

hat vier Stufen:

   1. Kriechen, Klettern, Lachen, Kuchen;
   2. Ehrgeiz, Eifer, Überfliegen
      – Immer höher, immer weiter!
   3. Siegen! Siegen! Siegen!
      – Ich werde alles kriegen!
   4. Fehler, Suchen, Feuern, Fluchen.

Jedoch –
Fünftens lauert noch.
Am Ende aller Stufen
hörst du dich selber rufen:
Wie komme ich von einer lichten Leiter
in dieses dunkle Loch?

Weilen und eilen zuweilen

Manchmal ist das Leben
wie ein dünner, enger Schlauch:
Der Kopf will alles geben,
allein, es hängt am Bauch.

Manchmal ist das Leben
wie eine Achterbahn:
Du glaubst, dem Gipfel zuzustreben,
schon fängt die Talfahrt an.

Manchmal ist das Leben
wie ein Tiegel Schmalz:
Gutes lässt die Sinne beben;
zuviel des Guten? Es folgt der dicke Hals.

Manchmal ist das Leben
wie ein starker Strick:
Es kann dich in die Höhe heben
oder bricht dir das Genick.

Meistens ist das Leben
eine lange, schmale Spur:
gerade aus und nichts erleben,
eben Alltag pur.

Du magst den tristen Trott beklagen,
voller Sehnsucht nach der Kreuzung fragen;
wenn sie kommt, dann denk daran:
Eine jede Straße, sei sie noch so bunt,
ist erbaut auf tiefem Untergrund.

Schon nach der ersten Kurve fährst du an
den sattbekannten Rand heran;
nach der zweiten, dritten dann,
ahnst du allzu bald:
Der schöne neue Weg ist in Wahrheit alt.

In der Sommersonne wird dir eiseskalt,
und unter schillernd buntem Schaum
drückt eine Tonne grauer Schotter
voller Schmerz auf Brust und Herz.
Aus der Traum! Das Alte fängt von neuem an.

Philosophie

Ein Philosoph schlug einen Kreis.
Wer weiß,
was er damit bedacht.

Doch siehe da, wie hingeschnellt,
hat sich ein zweiter zugesellt.
Schon war es eine Acht.

So geht's den Philosophen meist,
dass sie zwei nackte Nullen dreist
zu einer Acht erheben.

Doch sehen sie das jemals ein?
Natürlich: nein!
Wo bliebe sonst der Sinngewinn
in ihrem Philosophenleben?

Gerüchteküche

Der Mann ist das leibhaftige Gerücht:
Läuft er auf leisen Sohlen durch den Saal,
folgt ihm geschwind die Frau Skandal.
Sie tischten üppig auf: ein Festtagsmahl!
Woher die Mahlzeit stammt, verraten beide nicht.

Bekenntnis einer jungen Sängerin

Sing ich vor euch von Küssen und Kosen,
in sexy Klamotten und Spitzenhosen,
ihr Männer, bildet euch bloß nichts ein:
Die Show ist aus! Macht euch vom Platze!
Ich streichel zu Hause meine Katze
und lese allein Schillers Wallenstein.

Ich übe fleißig die übelsten Chosen,
kokette Gebärden und Nuttenposen.
Ich bin noch jung, ich lerne schnell.
Eure Anbiederei ist mir so was von schnuppe!
Ich koch mir zu Hause Tomatensuppe
und lese schnell den Wilhelm Tell.

Hab ich auch brav gemimt und gewitzelt?
Eure verwöhnten Sinne gekitzelt?
Die Show ist aus! Nach Hause geh ich allein!
Ich esse im Bett eine Schillerlocke,
lese vergnügt das Lied von der Glocke,
aber bitte mit Sahne, und schlafe ein.

Blanke Folter!

Ein gutes Tier
ist das Klavier,
still, friedlich und bescheiden,
und muss dabei
doch vielerlei
erdulden und erleiden.

Die Künstlerin
rennt zu ihm hin
mit ihrer Wallemähne.
Sie öffnet ihm
voll Ungestüm
den Leib wie die Hyäne.

Rasend wild,
das Herz erfüllt
von mörderischer Freude,
durchwühlt sie dann,
soweit sie kann,
des Opfers Eingeweide.

Wie es da schrie,
das arme Vieh,
und unter Angstgewimmer
bald hoch, bald tief
um Hilfe rief,
vergess ich nie und nimmer.

Gackerei

Es lebte einmal ein Henne, die war zwar ziemlich klein,
doch ihre Produktion an Eiern, die war ungeheuer!
Hatte sie eins neu gelegt, fing sie an zu schrein,
als stünden Stall und Scheune im größten aller Feuer.

Dem alten Truthahn, gleicher Stall,
der gern mal übers Denken dachte,
ging das Gegacker auf den Keks,
weil es ihm Kopfweh machte.

Wütend schritt er Knall auf Fall
zur kleinen Gacker-Henne hin:
Ihr Geschrei, Frau Nachbarin,
ist ohne jeden Sinngewinn!

Taub bin ich noch keineswegs!
Auch bedarf Ihr dummes Ei keinerlei Belegs!
Und wie es um Ihr Ei nichts tut,
so legen Sie das Ei, und gut!

Hm!, sprach die kleine Henne.
Wie Sie leb ich in dieser Tenne,
doch Sie alter greiser Geier
spielen stets die gleiche Leier!

Denken dumm im dunklen Stall,
wo doch drum herum und überall,
während Sie ins Leere schelten,
längst schon andre Sitten gelten!

Sie sind ein selten dummes Vieh
und kapieren es wohl nie:
Nur wer gackert, wird gehört, beachtet,
wer leise ist, ganz schnell geschlachtet
und mit Wonne aufgefressen!

Doch ich bin schlau, ein Huhn-Genie:
Ich lege nicht nur wie besessen,
ich verkünde Ei um Ei. Ich preise sie!
So werde ich im Land bekannt
und bleibe unvergessen.

Auch schreie ich, so laut ich kann,
fange gern schon morgens an,
bei allen wichtigen Adressen:
Wie dumm es wäre, ja vermessen!,
eine Hühnergöttin in der Suppe aufzuessen.

Kack-Ei

Die Henne zeigt durch Gackern an,
wenn ihr ein Ei gelungen.
So ähnlich machen's Dichter dann,
wenn sie ein Lied gesungen.

Dichtergelichter

Wenn sich das Jahr zum Winter wendet,
haben es die Dichter schwer:
Der Sommer ist beendet,
Blumen blühen längst nicht mehr.

Was sollen sie da noch besingen?
Ihre Requisiten sind verwelkt und vereist.
Vielleicht in die eigene Seele dringen?
An dieser Reise hapert's zumeist.

So sitzen sie sinnend drin auf dem Hintern,
schwitzen sich denkend die Kleider durch.
Womöglich hilft es, zu überwintern
wie draußen im Teich der Frosch und der Lurch?

Findet der Dichter nicht mehr rein noch raus,
baut er flugs ein neues Haus.

Wir sind so bunt: Poesie im Jahresrund

Wie herrlich ist's doch im Frühling,
im Frühling, da ist mir so wohl.
Ach, wäre es immer nur Frühling,
im Frühling, da fühl ich mich wohl.
Der Frühling ist so besonders,
der Frühling hat solche Kraft!
Ach, bliebe es immer nur Frühling,
der Frühling gibt uns Mut und Kraft.

Wie herrlich ist's doch im Sommer,
im Sommer, da ist mir so wohl.

Ach, wäre es immer nur Sommer,
im Sommer, da fühl ich mich wohl.
Der Sommer ist so besonders,
der Sommer hat solche Kraft!
Ach, bliebe es immer nur Sommer,
der Sommer gibt uns Mut und Kraft.

Wie herrlich ist's doch im Herbst,
im Herbst, da ist mir so wohl.
Ach, wäre es immer nur Herbst,
im Herbst, da fühl ich mich wohl.
Der Herbst ist so besonders,
der Herbst hat solche Kraft!
Ach, bliebe es immer nur Herbst,
der Herbst gibt uns Mut und Kraft.

Wie herrlich ist's doch im Winter,
im Winter, da ist mir so wohl.
Ach, wäre es immer nur Winter,
im Winter, da fühl ich mich wohl.
Der Winter ist so besonders,
der Winter hat solche Kraft!
Ach, bliebe es immer nur Winter,
der Winter gibt uns Mut und Kraft.

Was stört's die Eiche

Ein offener Wald am Straßensaum
ist dein Gedicht, du musst es ertragen,
reibt sich an seinem schönsten Baum
ein Schwein mit grunzendem Behagen.

Kleiner Garten im Meer

Die Insel, dort, in der Ferne!,
ist ein Garten, sagte das Kind,
sie glaubte es gerne,
wo Träume wachsen
und Farben Wahrheit sind.

Sie wollte nicht warten,
fuhr schnell weit hinaus.
Doch die Insel von Nahem
sah langweilig aus.

Sie grub sehr tief und kletterte,
sie zeterte und wetterte.
Sie hasste die Hitze, verlangte mehr Licht.
Wo ist der Garten? Ich finde ihn nicht!

Sie ließ sich steuern,
zurück! Vom Ehrgeiz befeuern,
zum Glück: ein Kind!
Das kann ich zwingen,
mich in den Garten zu bringen.

Das Kind stand am Strand,
Zeig mir den Ort!,
Sand in der Hand
Jetzt! Gleich! Sofort!
zerrinnt. Und der Wind –

Weht über die Klippen,
in der Ferne das Kind,
ein Lied auf den Lippen.

Darüber die Sterne – sieh dort!
Die Insel verblasst, der Garten ist fort.

Fremde bewegliche Sachen
Das Lied

Zeit nehmen ist nicht genug!
Du darfst sie nicht stehlen,
sonst wird sie dir fehlen.
Du darfst auch nicht glauben,
ich wollte sie rauben!
Du musst sie dir schenken,
träumen und denken,
froh sein und klug.

Gedicht 1

Auf alten Bäumen ruht der Morgen,
Schatten malen Farben grau.
Bald wird das Grün sich Sonne borgen,
das Meer vom Himmel Blau.

Gedicht 2

In der Mauer
Stille
Wächst
Ein Baum.

Liszt frisst

Der Dichter ist sauer:
Die steht da ja wirklich, die Mauer!
Und der Baum steckt drin,
wächst vor sich hin!
Reales ist Schales!
Ohne lyrischen Sinngewinn!

Im Meer untendrunter
schwimmt munter ein Fisch.
Hallo, Dichter! Komm runter,
das Wasser ist frisch.

Mehr!

Die Aktivistin steht am Meer.
Der Sonnenuntergang
sorgt sie so sehr.
Sie seufzt lang und bang.

He! Bleib mal munter!
Das ist ein altes Stück.
Hier vorne geht sie unter,
von hinten kommt sie bald zurück.

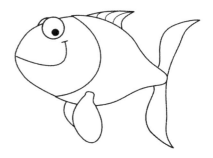

Arrangiertes Rendezvous

Ich hasse dich!,
sagte der Schwamm
zum Kamm
im Wasser,
wurde nasser
und versank.

Lieben Dank!,
sagte der Kamm,
denn er schwamm.

Grinsend zog der kleine Klaus
einfach mal den Stöpsel raus.

Und plötzlich
lag der feuchte Kamm
mitten auf dem nassen Schwamm.

Innere Größe

Der Oberkellner im *Weidenbusch*,
in Frankfurt am Main,
war ein Poet, doch nur kurz;
ihm fiel nicht arg viel ein.

Ja, dachte er, wir leben jetzt
in einer schnellen Zeit.
Und käme Schiller heut zurück,
dann wär er auch noch nicht so weit.

Falsche Verdächtigung

Es klingt banal und war fatal:
Die Wurzel all der vielen Wurzeln,
die tief da unten im Kanal
wochenlang den Abfluss störten,
waren wunderschöne Weiden,
die bescheiden schon seit Jahren
Straßenbegleitgrün waren.

Experten untersuchten und vermaßen,
damit sie nur ja nichts vergaßen,
filmten selbst allerletzten Zipfelrest.
Schließlich gab es keinen Zweifel,
und sie stellten sicher fest:

Alle diese vielen Wurzeln,
die da durcheinanderpurzeln,
gehören nur der einen:
der größten dieser Weiden!
Es habe keinen Zweck, die müsse weg.

Experten sind's gewohnt,
dass man für Fakten sie entlohnt.
Doch die Bürger protestieren:
Wir wollen keinen Baum verlieren!
Und sie rufen unbescheiden:
Unsre heißgeliebten Weiden
werden alle stehenbleiben!

Wir haben den Kanal jetzt voll!,
brüllen sie; doch einer stutzt,
während er die Brille putzt,

berät sich mit den Seinen.
Das ist genial, das ist ja toll!
Schon grinsen alle, feixen, greinen.
Und wie Betonzement
kommt das finale Argument.

Schaut einmal genauer hin,
ihr Ämterheinis, Scheinexperten,
denn so gibt das einen Sinn:
Mit Kegel, Katze, Hund und Kind
haben wir da unten alles zugekackt!

Und wenn's jetzt in der Leitung knackt,
wollen wir gefälligst auch entscheiden,
ob die wunderhübschen alten Weiden
überhaupt die Täter sind!

Alle Wetter!

Dieses dichtgewebte Lügennetz,
die so feingesponnenen Intrigen,
werden Wahres sicher bald
triumphal besiegen.

Bald schon wird dann Fake Gesetz.
Das ist sehr bedauerlich,
doch es lässt mich kalt,
denn was kümmert's mich?

Schließlich warst das du,
nicht ich!

Stratford-upon-Avon

Das Wetter ist hier
für die Füße!
Ich quäle mich
mit Shakes
Bier
Wüsten
Gelüsten
schaurigen Küsten
und werde fett.

Beste Grüße
aus dem zweitbesten Bett
You, We, Nils
und ich.

Der hau ju!
Poems in Love
4-4-2044 (via Messenger)

Darling,
I've read your poems.
So beautiful! I love them.
But WTF is „*greta*"?

Emanzipation I

Schmeiß die Fischin
bei die Butter, Mutter!

Emanzipation II

Ich hab erst spät mich emanzipiert
und von mir selbst Besitz genommen.
Nur wer die Pietät verliert,
kann zu sich selber kommen.

Gerührt und geschüttelt I

Wer in einem dunklen Schachte
Ganz vergnügt an Schunkeln dachte,
Und, ans Licht gehoben, schreit,
Leidet an Verschrobenheit.

Gerührt und geschüttelt II

Willst du nicht viel von Mücken leiden,
Musst du im Kleide Lücken meiden.

Gerührt und geschüttelt III

Käse ist ein Magenschluss,
Der jeden andern schlagen muss.

Akt IV

Sie: Was machen Sie so?

Er: Aktivist.

Sie: Ah, das kenne ich! Aktiv ist … mein Opa mit seinem Rollator, meine selbstangesetzte Joghurtkultur, müssen Sie auch mal probieren, das geht ganz leicht, und wie gut das schmeckt! Ja, und dann der Virenscanner; das ist schon eine Geschichte für sich, viel zu kompliziert und auch zu teuer, und die Kohle –

Er verzieht das Gesicht.

Sie lacht. Nein, das meine ich nicht! Den Fischen zum Wohle!

Smalltalk

Sie sprechen so anders. Wo kommen Sie her?,
hätte sie früher gefragt,
doch das geht ja nicht mehr.
Zum Glück gibt es reichlich Wetter und Essen.
Sie parlieren belanglos und selbstvergessen,
und die interessante Antwort bleibt ungesagt.*

*Aus dem Hinterland. Wollen Sie Witze machen? *(Womöglich Lachen)* Nein, das wird wirklich so genannt! *(Augenzwinkern)* Und dort spricht man so? *(Vergnügtes Schulterzucken)* Jo! Und es hat keinen Zweck: Das rollende „R" krieg ich nicht weg! *(Augenzwinkern)* Ich übe selbst auf dem Klo. *(Womöglich lacht sie.)* Längst zog ich fort, nach Offenbach … Ach! *(Freudige Überraschung)* Da wohne ich auch! Aber meine Eltern kommen aus dem Kongo. Und von wo? Ich meine, den Ort. Ja, fasse ich das? *(Er nippt womöglich am Glas).* Meine Oma, Paula Thoma, hat dort ein Kinderdorf geleitet. *(Wahrscheinlich sind jetzt ihre Augen vor*

Überraschung geweitet.) Das ist ja wunderbar! Meine Mutter war da! Sie schwärmt noch heute von Oma Paula. *(Warmes Lächeln)* Wenn Sie möchten, mache ich sie gerne miteinander bekannt! Ich bin gespannt! Meine Oma würde sich sicher serr freuen. Gott, ich hab's schon wieder gemacht! *(Hier würde wohl beidseits gelacht).* Dass ich Sie hier getroffen habe, macht mich froh. Ein schöner Abend, ja. Danke, ebenso! Lassen Sie mir Ihre Nummer da? *(Natürlich nur wegen der Omama!)*

Workout

Sport ist gesund
weiß jedes Kind
auch der Hund
in mir ich habe
das Schwein vertrieben
und wir sind
kugelrund
auf den Liegen
liegen geblieben.

Klebstoff

Wenn alles sitzenbliebe,
was wir in Hass und Liebe
so voneinander schwatzen;
wenn Lügen Haare wären:
Wir wären rau wie Bären
und hätten keine Glatzen.

Götes Flöte

Des Pudels Kern
schluck ich ernst und gern.
Da steckt der wahre Sinn drin!

Später in der Taverne
spuck ich Kirschenkerne
feixend in die Ferne.

Jugend musiziert

In der alten Taverne
sitz ich am Abend gerne;
lasse die Gedanken schweifen,
will die Stille mit Händen greifen –

Doch dann!
Kommt das Rudel Pudel,
und im Kern geht das Gedudel
von dem jungen Pack
mir gehörig auf den alten Sack.

Komma!

Ich schau dem Volk aufs Maul,
sagte Martin Luther;
Rassist, der er ist!
Auch Kant wird verbannt.

Fall nicht von der Schaukel runter!
ruft die Mutter munter
zum Kind Hund Paul
frisst derweil das Wurstbrot auf
bellt und springt die Treppe rauf.

Volkes Hund
hat Schaum vorm Mund.

Güllegrube

Selten habt ihr mich verstanden,
selten auch verstand ich euch.
Nur wenn im Kot wir uns dann fanden,
verstanden wir uns gleich.

Flatland

Sie düngten eine Brache,
auf dass dort wilde Blumen blühn.
Sie nannten es neue Sprache
und fanden sich megakühn.
Random, fck,
Move, lol und kack!

All so sprach das Kanzlerin
vor der UN. Nun denn!
Alle sind sie weg und hin.

Die Debatte

Der Erste ist empört.
Der Zweite sagt, dass ihn's nicht stört.
Der Dritte nennt den Zweiten einen dummem Tropf.
Die Vierte schüttelt nur den Kopf.

Die Fünfen, das sind die, ab und an die Nasen rümpfen,
die Sechsen konstatieren: Das machen die doch immer!
Die Sieben schleicht sich ins Beratungszimmer.
Achtung!, ruft die dralle Acht, bevor ihr Stuhl zusammenkracht.
Die Neunen schäumen schier vor Wut,
die Nummer zehn sagt: Das ist gut.

Die Elfen nehmen ihren Hut:
Ihr seid so doof und wir so klug. Wir gehen jetzt!
Die Zwölfen schauen ganz entsetzt:
Nun ist es langsam mal genug!

Die Dreizehn kann nun nichts mehr sehen,
weil die Elfen von den Sitzen springen.
Nummer vierzehn kann nichts hören,
weil Drei und Zehn laut Lieder singen.

Die Fünfzehner tadeln die ersten beiden,
weil sie ständig Stress verbreiten.
Der Platz von Herrn Sechzehn ist noch leer,
Frau Siebzehn nebendran vermisst ihn sehr.

Die Achtzehn weiß: Der ist mal wieder geil unterwegs!
Frau Siebzehn wird heiß. Geh mir nicht auf den Keks!
Die Neunzehn daddelt auf dem Handy rum,
Nummer zwanzig gähnt und guckt ganz dumm.

Die Elfen schalten sich wieder ein: Wir sind raus!
Wir gehen auf die Insel!
Die Zwanzig ruft: Zum Daus, was seid ihr Einfaltspinsel!
Nummer eins bis vier daddeln auf den Handys rum,
der Dreißig ist es viel zu laut; Frau Siebzehn ahnt,
dass die Achtzehn ihr wieder mal den Tag versaut.
Sie wüsste ja nur allzu gern, was die sonst noch alles plant.

Die Vierzig klagt über Magenschmerzen,
Frau Siebzehn meint, das kommt vom Herzen.
Noch immer will sie der Achtzehn nicht glauben,
und die Vier beginnt, aus Langeweile, Pulte abzustauben.

Die Sieben kommt zurück und findet alles dumm.
Die Vierzig kippt derweilen um.
Zwei aus den hinteren Reihen tragen sie nach draußen,
verfolgen die Debatte dann weiterhin von außen.

Die Fünfundzwanzig späht im Rund herum,
kann niemandem mehr trauen.
Sie wird demnächst nach Wanzen schauen
und sie heimlich hier im Saal in der Nacht verbauen.

Die Neunzehn legt das Handy weg und ruft:
Was macht denn da die Dreißig bloß?
Die hat ein Transparent gemalt:
Habt ihr noch alle tassen …?

Nummer sechzig kann's nicht fassen!
Nummer fünfzig steht bereit,
Nummer siebzig schreit: Das schreibt man groß!
Und außerdem: Da fehlt noch was, sagt Mister X,
der eigentlich die Neunzig ist.

Die Zweiundfünfzig kreischt dazwischen:
Die Fünfundzwanzig ahnt es schon:
Verdammt! Hier wird nicht rumgekrischen!
Eine subversive Transaktion! Vom Feind bezahlt!

Dann singt die Vier ein fremdes, schönes Lied,
und Neunzehn fragt: Ist das Ihr neues Fachgebiet?
Die Hundertfünf sieht völlig klar,
dass es früher besser war.
Die Nachbarin hält ihr gleich vor,
sie sei der allergrößte Tor.

Die Zwanzig fragt: Wo ist hier denn der Sinngewinn?
Wollten wir nicht eigentlich die Welt vor uns erretten?
Das ist das Stichwort!, ruft die Zehn. Fahren Sie mal fort!
Wir legen uns an jedem Ort in fette große Ketten!,
schlägt Nummer siebzehntausend vor.
Eigentor!, ruft Nummer zwei. Schweinerei, sagt Eins zu Drei.

Prima!, schalt es aus der Bank davor. Wir machen was fürs Klima!
Ihr seid die reinsten Kletten, grätzt Nummer hundertzwei.
Die Chance ist doch längst vorbei. Ich sehe schon den Abgrund!
Ach guck mal an, die Null schon wieder, dieser faule Hund!

Sehr entspannt schaut sich die dicke Null all die dürren Ziffern an.
Im Gegensatz zu euch Gerappel weiß ich, was ich kann!
Es folgt ein lautes Lachen –
Schon stehen Hunderttausend vor dem Tor, die keine Scherze machen.

In der geheimen Runde um Vier-acht-sieben-drei rauchen alle Köpfe.
Wir müssen an die Bonzen ran und an die fetten Töpfe!
Ja!, ruft die Achtzehntausend. Die gehörten längst gehenkt!
Wofür haben wir euch eigentlich den hübschen Strick geschenkt?
Die haben uns das vorgegaukelt!, empört sich Achtzehntausendvier.
Das ist das reinste Chaos hier! Wir werden glatt verschaukelt!

Die Achtundsiebzig namens Jan, ein stiller Mann von nebenan,
mitten drin im wilden Haufen, wäre gerne weggelaufen.
Zur Linken spricht die Nachbarin ohne Plan und ohne Sinn;
zur Rechten werfen sie mit Bier und fangen an zu raufen.

Stopp jetzt hier! Was ist das für ein Kackmove, Leute!,
schaltet sich dann Youtube ein. Ihr verkackte, alte Meute!
Was ihr hier wieder bringen tut, das tut der Welt nun gar nicht gut!

Unterdessen macht die Welt
und so weiter
wie es ihr gefällt.
Sie zieht die Sonne runter
und schickt den Mond hinauf.

Die Müden werden munter,
die Empörten stehen auf.
Und als die Sternlein prangen,
sind sie alle heimgegangen.

Was der Geier weiß

Zu vorgerückter Stunde,
in illustrer Runde,
ergeht geheime Kunde:
Es wurde beraten und entschieden,
mit Gottes Hilfe und hienieden:
Alles ändert sich,
weil –
Alles bleibt, wie's ist.

So ein Mist!

Um zwanzig nach drei
erwacht Nr. 302
und flucht fürchterlich.
Fängt doch dieser Wüterich
von nebendran,
der bekloppte Gockelhahn,

vorsätzlich zu krähen an!
Schläft dieses Vieh denn nie?
Kikeriki!
Kikeriki!
Kikeriki!

Disput

Es krähte der Hahn auf seinem Mist.
Als Kanzlerredner wirkt der Christ.
Auch äußert sich der Atheist.

Der Prediger betet früh und spät.
Der andre glaubt ihm nicht und schmäht.
Der Hahn steht auf dem Mist und kräht.

Der fromme Christ führt Gott im Mund,
der Atheist den Schweinehund.
Vom Mist der Hahn kräht Stund um Stund.

Der Christ hat einen Fluch getan.
Der Atheist denkt: Zahn um Zahn!
Und ich? Halt es mit dem Gockelhahn.

Kreativ

Kräht der Wahn
auf dem Mist,
hahnen die Ahnen,
was Wettern ist.

Erinnerungen sind schräge Vögel

(Nur das Fettgedruckte ist schon fix. So darf ein jeder Felix*, schnell wie nix, sich philosophisch zugesellen und eine kluge Liste neu erstellen.)

Angenehmes Atmen, an
Bunten Blumen berauschen,
Chakras choreografieren, chillen.
Denken, dass da draußen Dämonen, drinnen Dagmars Dackel, das Dasein
Erschüttern. **Erinnerungen**
Fälschen, fassen, fluten, fliegen
Glauben, graben Gruben, generieren
Hass, Hetze, Hoffnung –
Immer.
Jammern, jubeln – Jahre
Können klug klagen, kriegen Kinder;
Lassen Lügen, lachen, lernen, lieben,
Machen müde, munter, morgens Magenschmerzen, möchten Monate
Nehmen, nennen
Orte ohne Ordnung.
Plötzlich Panikattacken,
Quälendes quillt
Rein, raus: riecht Raben, Rollmops. Räudige Ratten röcheln, rasen, rasten.
Sofas **sind** schöner Schein, **schräge** Sachen; Sehnsucht, Schmerzen spüren
Trauer tragen, träge Tage, tragische Töne töten
Unglück, uferlos.
Verletzt, verloren, verlassen: Verse voller Veilchen, **Vögel.**
Weiße Westen – Werte wollen wachsen, werden
XY ungelöst
Zur Zuversicht, Zärtlichkeit. Zaghaftes Zweifeln; zögern. Zeit zerbricht.

* Felix ist ein Dichter-Koch und versteckt sich noch in seinem dunklen Dichter-Loch.

Worte wandeln

1. Er
2. Liebte
3. Sie
4. Ging
5. Fort
6. An
7. Gelegentlich
8. Baden
9. Sie
10. Allein

Kleine Interpretationshilfen:

1 2, 3 4 5. 6 7 8 9. 10.
1 2 3, 9 10; 4 5 6 7 8.
1 2 3, 4 5. 6 7 8 9 10.

Was nun

Er liebte sie nicht
Er liebte sie nicht
Er liebte sie nicht
Er liebte sie nicht

Wie

Schön
War
Der
Urlaub
Nicht
wahr

Haha!

Ich
Gehe
Nicht
Gern
Essen
Gehen
Ist
Gesund

Das Meer

Umspielt
Ihre Füße
Möwen
Gleich
Kommt
Die Flut.

Vorstellung

Das Lied war aus. Vor der Bühne Applaus,
im Dunkel Handylichter. Sie ahnte die Gesichter,
doch es war nicht genug, was sie gaben.
Sie wollte die Sterne haben!

Jahre vergingen, es blieb keine Zeit.
Sie musste singen, und dann war es soweit:
Die Menschen trugen wie Wellen sie fort;
die Bühne wurde ihr Glück und ihr Hort.
Sie fuhr ans Meer und küsste den Sand.
Endlich war sie berühmt und bekannt!

Jahre vergingen; sie schrieb Songs für die Welt.
Was zählten denn Orte? Töne statt Worte!
Da ist noch ein Stern. Den hätte sie gern!
Mach weiter, mach mehr! Du liebst es so sehr.

Der Blick von der Bühne,
das Licht am Schluss:
Applaus und Gejohl.
Sie wusste: Ich muss!
Es tut mir so wohl.

Und doch blieb ein Sehnen,
Erinnerung: das Meer
und der Strand,
kleine Füße im Sand.

Die Zeit ließ sich dehnen,
sie dachte nicht mehr,
sang Neues Ton um Ton.

Wer oben ist, den liebt man schon!
Innen war sie matt und leer.

Sie nahm sich die Zeit,
fuhr zurück ans Meer.
Die Spuren der Kindheit
im Sand fand sie nicht mehr.

Sie stieg in die Klippen,
kein Laut auf den Lippen,
rief stumm in die Nacht:
Was habe ich falsch gemacht?

Ich sehe nur Mauern und Grenzen,
fühle nichts mehr dabei!
Ich will wieder singen und glänzen!,
schrie der stumme Schrei.

Die Quelle deiner Lieder
ist Farbe, ist Klang.
Finde sie wieder!
Musik ist mehr als Gesang.

Sie stand in den Klippen,
weit oben,
fing mit dem Fuß an zu wippen,
summte leise im Wind.

Der Wind war der Samen,
Töne keimten, Akkorde kamen,
Sätze und Strophen, wild und frei.
Sie war wieder Kind und weinte vor Glück.

Ein neues Stück!
Man würde sie loben.
Sie musste zurück!
Die Zinnen der Wände
waren klatschende Hände,
die Mauern brachen entzwei.

Erfolgreich zu werden ist leicht,
es zu bleiben, braucht Glut.
Ein Raunen im dunklen Raum:
Seicht sein tut dir nicht gut.
Nur ein Flüstern; sie hörte es kaum.

Gut ist niemals gut genug!
Sei tüchtig, sei strebsam,
vernünftig und klug!
Das war die Stimme,
die sie stärkte und trug.

Die Bühne im Dunkeln,
Lichterfunkeln.
Klatschen, der Spot geht an.
Sie fängt an zu schweben:
Das ist ihr Leben!
Sie hängt daran.

Nächte im Trubel, euphorischer Jubel,
mehr konnte nicht sein!
Die kindischen Träume störten,
gehörten nicht mehr hierher.
Und doch blieb das Sehnen:
ein Haus am Meer.

Rappel!

Opfer sein
liegt jetzt im Trend.
Wer Täter ist,
hat was verpennt.

That's it

Wer zweimal mit
derselben pennt,
gehört schon
zum Establishment.

Nichts

Tun
Den lieben
Mann
Einen guten
Gott
Sein
Lassen.

Meine Oma in Berlin

Sprache sei Melodie, sagt Oma und lacht,
Komm rein, Kind, ich habe Kekse gemacht!,
wenn sie Schönes beschreibe,
selbst wenn am Ende nur Sehnsucht bleibe;
sie vergesse es nie,
das Schöne: Wie sehr ich ihn liebe!,
das Seufzen: Ach, wenn er nur schriebe!

Ja, bitte unterschreibe!,
meine Oma, du Liebe,
nur deinen Namen.
Hierhin. Und bitte noch heute!

Oh ja, wir fragten die Leute,
woher sie kamen.
Und: Warum
sprichst du so krumm?
Lümmel und Flegel!,
gab's auf die Ohren.

Oma! Ich habe keine Zeit!
Hier, ein Stift; wir sind soweit.
Die Liste ist wichtig!
Mach's bitte richtig!

Wenn wir brav gewesen waren,
durften wir in Vaters Auto fahren.
Und Mutter schnitt ein Brötchen auf
und drückte einen Mohrnkopf drauf.
Ach, was liebte ich die Mohren!

Wie kannst du es wagen,
dieses Giftwort zu sagen!
PoC heißt das jetzt!,
wird die Oma belehrt.

Oma nickt. Sie weiß, was sich schickt.
Wie kalt das klingt,
denkt sie entsetzt,
wie malad und verkehrt!
Unterschreiben will sie nicht.

Ich sehe darin keinen Sinngewinn.
Was nützt es, wenn ihr Menschen zwingt?
Und warum nimmst du so unbedingt
einem uralten, schönen Wort die Melodie
und seinen warmen Klang einfach fort?

Du kapierst das nie!,
ruft das Gesicht,
das gerade eben noch
liebende Enkelin war.

Oma kennt die Gefahr:
Sprache kann Leiden bereiten,
Träume zerschneiden.
Und doch –

Sie gibt den Stift zurück.
Warum bist du so versessen?
Warum hast du alles Glück
hier bei mir vergessen?

Die Enkelin wird blass vor Hass.
Sieh dich vor! Wir schaffen das!
Dieses widerliche Wort
werden wir mit aller Kraft
aus dieser Straße jagen!

Und ist das alles erst geschafft,
gibt's ein Generalverbot!, schreit sie zornesrot.
Dann kommt's auch aus der Sprache fort,
dann darfst du's nicht mehr denken,
und endlich nicht mehr wagen,
es heimlich vor dich hinzusagen!

Die Oma will was fragen, aber
die Enkelin fällt ihr ins Wort.
Dein doofes Rumgelaber
kannst du dir gefälligst schenken!

Wir sind die neue Welt!
Wir wollen nicht das Alte erben!
Und wenn's euch nicht gefällt,
dann könnt ihr gerne sterben!

Die Oma hat nicht mehr gelacht
und doch die Tür nicht zugemacht.
Du bist so ignorant und dumm!,
schilt die Enkelin. Dein Geschwätz macht keinen Sinn!
Sie dreht sich grußlos um und geht.

PS: Die Kekse hat sie nie vergessen.
Sie wird sie einstens einsam essen.

Die Geschichte von den schwarzen Buben

Es ging spazieren vor dem Tor
Ein kohlpechrabenschwarzer Mohr.
Die Sonne schien ihm aufs Gehirn,
Da nahm er einen Sonnenschirm.
Da kam der Ludwig hergerannt
Und trug sein Fähnchen in der Hand.
Der Kaspar kam mit schnellem Schritt
Und brachte seine Brezel mit.
Und auch der Wilhelm war nicht steif
Und brachte seinen runden Reif.
Die schrien und lachten alle drei,
Als dort das Mohrchen ging vorbei,
Weil es so schwarz wie Tinte sei!

Da kam der große Nikolas
Mit seinem großen Tintenfass.
Der sprach: „Ihr Kinder, hört mir zu
Und lasst den Mohren hübsch in Ruh!
Was kann denn dieser Mohr dafür,
dass er so weiß nicht ist, wie ihr?" –
Die Buben aber folgten nicht
Und lachten ihm ins Angesicht
Und lachten ärger als zuvor
Über den armen schwarzen Mohr.

Der Niklas wurde bös und wild,
Du siehst es hier auf diesem Bild!
Er packte gleich die Buben fest
Beim Arm, beim Kopf, bei Rock und West,
Den Wilhelm und den Ludewig,
Den Kaspar auch, der wehrte sich.
Er tunkt sie in die Tinte tief,
Wie auch der Kaspar „Feuer!" rief.
Bis übern Kopf ins Tintenfass
Tunkt sie der große Nikolas.

Du siehst sie hier, wie schwarz sie sind,
Viel schwärzer als das Mohrenkind!
Der Mohr voraus im Sonnenschein,
Die Tintenbuben hintendrein.
Und hätten sie nicht so gelacht,
Hätt Niklas sie nicht schwarz gemacht.

Ödland

Oma schlägt das Büchlein zu.
Und da ist die Erinnerung:
Die Kinder waren noch so jung,
die Schule gerade aus.
Lena und der kleine Klaus
kamen Hand in Hand
weinend zu ihr hingerannt.

Die sind alle so gemein!
Wir sollen *Schokokekse* sein!

Wollt ihr ein Geheimnis hören?,
fragt sie leise, nimmt sie in den Arm.
Schokokekse sind das Feinste, Beste überhaupt!
Und wenn ihr das nicht glaubt:
Kommt mit, ich habe eine Kekse-Zauberrezeptur!

Die Kinder fangen an mit dem Weinen
aufzuhören. Woher hast du die denn nur?
Oma lächelt warm. Wisst ihr, wie sie mich einst nannten?
Sprenkelsprossenmonster auf spindeldürren Spargelbeinen!
Das mag noch schlimmer scheinen, und schon lachen sie.

Zuhause backen sie mit Oma heimlich Zauberkekse und
die leckersten Gerüche ziehen durch die alte Küche.
Das Blech kommt dampfend aus dem Ofen, wird nur langsam kalt.
Die Kekse sind ganz dunkel und verlockend rund.
Oma, wann dürfen wir denn kosten? Bald, ihr Lieben, bald.
Die Kekse schmecken schokoladig, himmlisch, grandios!

Abends nimmt die Oma die Enkel auf den Schoß.
Schokoladenkekse sind das Schönste auf der ganzen Welt!
Doch ob euch Name und Geschmack gefällt,
entscheidet ihr allein!

Sie schlägt den *Struwwelpeter* auf,
zeigt auf die hübschen Bilder drauf.
Fröhlich liest sie vor und schließt:
Genau so wird es immer sein!
Ihr Lieben, merkt euch das:

Wer am Tage euch verlacht,
den steckt der Nikolas bei Nacht
in sein großes Tintenfass!

Zwei Tage später rannte Klaus
strahlend aus der Schule raus.
Oma, stell dir vor! Die wollen alle Kekse haben
und glauben sicher, dass Nikolas mein Bruder ist
und heimlich böse Kinder frisst.

Traurig schaut die Oma in den trüben Tag hinaus.
Müde schließt sie ihre Augen, denkt an Enkel Klaus.
Allzu lange ist das noch gar nicht her!
Doch was in der Welt geschieht, versteht sie längst nicht mehr.

Geschichten, die die Kinder liebten,
die sie glücklich lachen ließen,
sind jetzt böse, nichts mehr wert.
Erinnerungen darf sie nicht genießen,
und was sie fühlt und sagen möchte,
ist rassistisch und verkehrt.

In der Küche riecht es nach Gebäck, und Oma räumt die Kekse weg. Sie wischt sich eine Träne fort; es hat ja keinen Zweck: Sie weiß, dass sie die Welt nicht ändern kann. Sie holt Lenas bunten Teller und das große Messer aus dem Schrank, setzt sich auf die Ofenbank, schneidet mit Bedacht eine knusprig-frische Schrippe auf. Als die zweite Träne fällt, hebt sie liebevoll und sacht einen dicken, dunklen Mohrenkopf aus der Schaumkussschachtel. Mit einem wehmutsvollen Lächeln setzt sie ihn sodann samt dem dritten Tränentropfen mitten auf das Brötchen drauf.

8.00h Aufstehen
Frühstück
mit Oma telefonieren
Sportschau

Der Mohr hat seine Schuldigkeit getan.
Der Mohr kann gehen.

Dichter

Verführen
Entführen
Spielen
Rühren
Spüren
Lügen
Bloß.

Wollen
Wörter
Weben
Zielen
Sind

Zeugen   Für Großes
Kinder   Geld
Los!   Verlangen
Fantasieren   Vergessen
Fabulieren   Vergehen
Werden   Werden
Fallen   Neue Bücherwelt
Finden   Gefällig
Gefallen   Gefallen
Gefällt   Zu spät.

Was Autoren tun

Wir verfügen
Welt
Glückskinderloserfeuer
Ich bedanke mich
Freundlich –

Poem

versmass
vermasst
vermasselt.

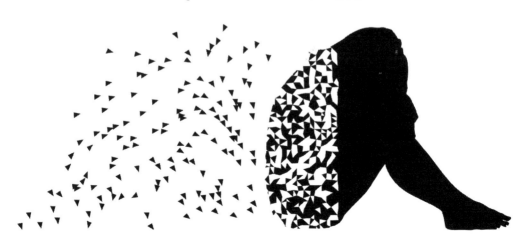

Aus dem Tritt

Eine Straße in Paris,
Die schöne Zauberstadt,
Cafés, Baguette, Pastis.
Am helllichten Tage –

Die Exekution
Dekapitation

Die grausige Frage:
Warum? Eine Karikatur!
Kritik ist Fortschritt.
Gewalt ist Rückschritt.
Wo leben wir nur?

Würde ich tun

Ihr lächelt manchmal,
wenn ich lieber weinen würde.

Ihr esst Dinge,
die ich nicht berühren würde.

Ihr sagt Sachen,
die ich nicht mal denken würde.

Ihr fordert mutig,
wo ich ängstlich schweigen würde.

Ich verstehe nicht,
warum eure Frauen und Töchter so frei und
– Sagt man das so? – zügig sind.
Ich würde es lieber haben, wenn sie
– Sagt man das so? – züchtig sind.

Euer Land ist fremd und schön.
Die Sprache fällt mir schwer.
Besonders gerne lernen
würde ich das Würde.
Wegen das Würde kam ich ja her!

Dreihundertmal

Dreihundertmal habe ich gedacht:
Heute hast du es gut gemacht.
Dreihundertmal war da dieses Hoffen:
Heute hast du ins Schwarze getroffen.
Dreihundertmal vernahm ich den Schrei:
Es ging vorbei!
Gelitten habe ich dreihundertmal.
Ab heute ist mir's egal.

Verzeihung

In der Ruhe liegt die Kraft.
Du hast so viel geschafft.
Du darfst dich dran gewöhnen,
Dich mit dir selber zu versöhnen.

Kleine Dinge

Wie Jahresringe
in der Summe
Lieben, Lachen, Trauern, Weinen
scheinen sie das Leben
zu vereinen
zu verweben.

Das Kleine-Dinge-ABC

Tage, an denen kleine Dinge wichtig sind.
(Bei Bedarf bitte ergänzen.)

Tage des Abschieds
Tage der Achtsamkeit
Tage des Alters
Tage des Angriffs
Tage der Angst
Tage der Arbeit
Tage des Aufbruchs

Tage des Bangens
Tage der Bedachtsamkeit
Tage der Begegnung
Tage der Begeisterung
Tage der Beherrschtheit
Tage der Beredsamkeit
Tage der Bescheidenheit
Tage der Besinnlichkeit
Tage des Betens
Tage der Besonnenheit
Tage der Bürde

Tage des Chaos
Tage der Charakterfestigkeit
Tage des Chillens

Tage der Dankbarkeit
Tage des Dienens
Tage der Demut
Tage der Dunkelheit

Tage der Ehre
Tage der Eile
Tage der Einkehr
Tage der Einsamkeit
Tage der Entschlossenheit
Tage der Entsagung
Tage der Entscheidung
Tage der Enttäuschung
Tage des Erfolgs
Tage der Erfüllung
Tage der Erinnerung
Tage der Erwartung

Tage der Fantasie
Tage der Faulheit
Tage des Feierns
Tage der Flucht
Tage des Fortschritts
Tage der Freiheit
Tage der Fremdheit
Tage der Freude
Tage der Freundschaft
Tage des Friedens
Tage der Furcht

Tage des Gebens
Tage der Geduld
Tage der Gefahr

Tage des Gefühls
Tage der Gemeinsamkeit
Tage der Genesung
Tage des Genusses
Tage der Gerechtigkeit
Tage der Geschäftigkeit
Tage der Gewalt
Tage der Gewohnheit
Tage des Gleichmuts
Tage des Glücks
Tage des Guten
Tage der Größe

Tage des Hasses
Tage der Heimlichkeit
Tage der Heimkehr
Tage der Heiterkeit
Tage des Herrschens
Tage der Hoffnung
Tage der Hoffnungslosigkeit

Tage der Ideen
Tage der Illusion
Tage des Irrtums

Tage des Jammerns
Tage des Jasagens
Tage der Jugend

Tage der Kälte
Tage des Kampfes
Tage der Kindheit

Tage der Klage
Tage der Klarheit
Tage der Klugheit
Tage der Komplimente
Tage des Könnens
Tage der Kraft
Tage der Krankheit
Tage der Kreativität
Tage des Krieges
Tage der Krise
Tage der Kritik
Tage der Kritikbereitschaft

Tage des Lachens
Tage der Langeweile
Tage des Lasters
Tage der Leidenschaft
Tage des Leids
Tage des Lernens
Tage des Lesens
Tage des Lichts
Tage der Liebe
Tage der Lieblosigkeit
Tage des Lobes
Tage der Lüge

Tage der Macht
Tage der Melancholie
Tage der Menschlichkeit
Tage des Misserfolges
Tage des Misstrauens
Tage des Mitleids

Tage der Möglichkeiten
Tage des Mondes
Tage der Moral
Tage des Müssens
Tage der Muse
Tage der Muße
Tage der Musik
Tage der Mutter

Tage der Nachsicht
Tage der Narrheit
Tage des Nehmens
Tage des Niedergangs
Tage der Niederlage
Tage der Not
Tage der Notwendigkeit

Tage der Oberflächlichkeit
Tage der Öffentlichkeit
Tage der Offenheit
Tage der Ohnmacht
Tage der Opposition
Tage des Optimismus
Tage der Ordnung

Tage des Pessimismus
Tage der Planung
Tage der Prüfung

Tage der Qual
Tage der Quälerei
Tage des Querdenkens

Tage der Rache
Tage der Redlichkeit
Tage des Reichtums
Tage der Reife
Tage des Reisens
Tage der Reue
Tage der Revolution
Tage des Rückschritts
Tage des Rückzugs
Tage der Ruhe
Tage des Ruhms

Tage der Scham
Tage des Schenkens
Tage des Schicksals
Tage des Schmeichelns
Tage des Schmerzes
Tage der Schönheit
Tage des Schreibens
Tage der Schuld
Tage der Schwäche
Tage des Schweigens
Tage der Selbsterkenntnis
Tage der Sicherheit
Tage des Sieges
Tage der Sinnlichkeit
Tage der Sittsamkeit
Tage des Sollens
Tage der Sonne
Tage der Sorge
Tage des Spielens
Tage des Sports

Tage des Spotts
Tage des Sterbens
Tage der Stille
Tage des Strebens

Tage des Tanzens
Tage der Tapferkeit
Tage des Todes
Tage der Toleranz
Tage des Träumens
Tage der Tränen
Tage der Trauer
Tage der Treue
Tage der Trennung
Tage des Trostes
Tage der Tugend

Tage des Übels
Tage des Überflusses
Tage des Überschwangs
Tage der Übung
Tage des Unglaubens
Tage des Unglücks
Tage des Unmutes
Tage des Unrechts
Tage der Unzufriedenheit

Tage des Vaters
Tage der Verantwortung
Tage der Verehrung
Tage der Vergangenheit
Tage des Verlustes

Tage der Vernunft
Tage der Verschwendung
Tage der Verschwiegenheit
Tage der Versöhnung
Tage des Versprechens
Tage des Verstehens
Tage des Vertrauens
Tage des Versagens
Tage der Versagung
Tage des Verzagens
Tage der Verzeihung
Tage der Verzweiflung
Tage der Vorsicht

Tage des Wahnsinns
Tage der Wahrhaftigkeit
Tage der Wahrheit
Tage des Wartens
Tage des Wechsels
Tage der Wehmut
Tage des Weinens
Tage der Weisheit
Tage des Wiedersehens
Tage des Wissens
Tage des Wollens
Tage des Wünschens
Tage der Wunder

Tage der Xanthippe
Tage des X für ein U

Tage des YinYang

Tage des Zögerns
Tage des Zorns
Tage der Zufriedenheit
Tage des Zuhörens
Tage der Zukunft
Tage der Zuversicht
Tage des Zweifelns

Erste Hilfe bei Burnout

Spazieren
Denken
Gehen
Zeit
Los
Laufen
Schenken
Lassen

Wechsel der Dynastie in der Philosophenschule

Heute steht im höchsten Rang: das Ich.
Kein Du, kein Sie, kein Er, lässt es neben sich.
Jedes Nicht-Ich scheint ihm nichtig,
denn das Ich macht alles richtig.
So schlägt es manchen Purzelbaum
im metaphysisch leeren Raum.
Nachdem es lang von sich gesprochen,
wird ihm zum Schluss der Hals gebrochen.

Nichts

zufällig
ziemlich
zukunftsweisend

Hohe Politik

Der Bundestag hat laut gebrüllt!
Seid ihr von Grausen, Deutsche, nicht erfüllt?
Macht euch gefasst auf unerhörte Dinge!
Er geht herum und sucht, wen er verschlinge!

Stopp! Es war kein Brüllen, wie ihr wähnt.
Der Bundestag hat nur gegähnt.
Auf der Bärenhaut der Protokolle
spielt er weiter schlafend seine Rolle.

Kinderlied

Haben die Jungen in Stalingrad
je gefragt, wer ihnen die Zukunft gestohlen hat?
Sie schrien, verreckten und schwiegen.
Versteckten das Grauen wie Kinder,
die in Ruinen spielten. Das ist mein Haus!
Es sieht wunderbar aus!

Sie mussten das Erinnern vermeiden,
denn Täter durften nicht leiden.
Ihr Glück war bescheiden: Leben, Lieben,
Arbeit, Kinderkriegen.

Die Jungen wurden die Alten, hörten auf zu singen,
und ihre Lieder fingen an, bei den Jungen neu zu klingen.

Das Schweigen klebte, bis es anschwoll und bebte.
Wie konntet ihr es wagen,
Millionen jede Zukunft zu versagen?

Ihr habt uns kaputtgemacht!
Ihr habt die Welt zerbomt, zerstört!
Ihr bekommt, was euch gehört:
Euer Muff aus tausend Jahren soll zur Hölle fahren!

Die Jungen wurden die Alten, hörten auf zu singen,
und ihre Lieder fingen an, bei den Jungen neu zu klingen.

Statt Frieden zu schaffen, kauft ihr Waffen!
Ihr führt uns ins Verderben!
Hinterlasst uns nichts als Scherben!
Saurer Regen und Ozon:
Alle Vögel schweigen schon!
Und alle Wälder sterben!

Die Jungen wurden die Alten, hörten auf zu singen.
Und wie dereinst die Alten sungen,
so tweetschern jetzt die Jungen:

Auf Regeln und Gesetze könnt ihr scheißen!
Die Welt geht unter! Wir vergleißen!
Wir werden eure Wüsten erben!
Millionen sterben!
Wenn ihr! Nicht! Jetzt sofort! An jedem Ort!
Alles tut gegen diese Sonnenglut!

Auf der kalten Bleiche
steht eine alte Eiche.
Seit mehr als tausend Jahren
hört sie Menschen singen
und ihre Lieder dann verklingen.

Streber

Das Schlimme
Ist die Stimme
Nicht
Das Klagen
Wie könnt ihr es wagen!

Falten
Die Hände
Auf der Stirn
Halten
Voller Wut
Transparente
Blasen
Um die Nasen
Zum Gefecht.

Keine
Schwäche
Zeigen
Niemals
Weichen
Die Welt ist ungerecht!

Wir
Jungen
Alten
Sind schon bald
– der, die das –
Grauen
Zukunft
Weg.

Rechthaber

Seine Meinung ist stets richtig;
wenn er spricht, müsst ihr verstummen.
Sonst erklärt er euch für nichtig,
oder nennt euch gar die Dummen.

Leider sind dergleichen Strolche
keine seltene Erscheinung.
Wer nicht taub ist, meidet solche
strenge Hüter wahrer Meinung.

Modern Talking

Was
ich
nicht
meine
ist
Mist.

J'existe

Ich bin

Ein Bogen
Regen
Licht, das bricht.

Wolken
Sonne
Wind:

Ein schillernder Reigen
Farben im Licht
Bunt

Wie mein Hund
Pudel
Nass.

Ach so!

Wohin denn so schnelle,
du Mann mit der Elle?
Schau, da ist ein Regenbogen!

Frivoler Geselle!
Den will ich gerade messen gehn.
Wo kämen wir hin, einfach dazustehn
und nur die Farben anzusehn?

Sie kam, sah und

Sang
auf den Klippen
ihre Lieder
darunter
sprang
spürte
wieder
Gischt
Das Meer
auf den Lippen
Die Wellen
wogten
auf und nieder
Möwen
Schreien
verklang
blutrot
Der Himmel
Die Sonne
ging unter
Der Tag
versank –
Alles im Lot.

Carpe diem

Sommer
Aus
Sonnen
Zeit
Gebleicht.

Versuch, einen Brief zu schreiben

Sehr geehrter Herr Gelehrter,
Ihre Zeichen
Zwischen den Zeilen
Bei Zeiten
Zu zerteilen
Gebaren
Gefahren
Sie sind
Mit freundlichem Gruße
Ihre Muse
Ein Kind.

Pour Belle

Ein zweiter Dreiherrn
Höher war die Zeile
Hör
Eine Weile
Dort, ein Stern!
Sein Interesse
An einer Mätresse
Einem Hutu aus Timbuktu –
Hier, der Stör!
Brachte mich darauf
Den Wind zu bändigen
Die Schöne Schale
Schokosahne
Mit Nonsens volens auszuhändigen.
Start zum großen Wellenlauf
Um drei nach Zwei.

Juristische Darreichung

Ich bin der Paragrafenreiter,
und statt Gezeter und Geschrei
fände ich es weit gescheiter,
Ihr schautet mal bei mir vorbei.

Liebe Bürger voller Wut,
nein, ich eifre nicht mit Glut,
um kleinen Fischen hinterher zu reisen,
wenn ich große kann verspeisen!

Liebe Kriminelle, Räuber, Klauer,
Ihr denkt zuweilen, Ihr seid schlauer,
ein Tipp: Schaut demnächst genauer;
ich reite Paragrafen,
die Euch fassen und bestrafen!

Lieber Richter, Staatsanwalt,
Ihr gebt dem Rechtsstaat großen Halt
und Tätern neuen Aufenthalt.
Ihr urteilt und klagt an, doch bitte denkt daran,
dass Juristendeutsch in Bürgerhirnen
dicke Knoten machen kann.

Liebe Polizei,
Ihr seid stets ganz vorn dabei,
trefft so manchen Täter aus wilder Keilerei
später vor Gericht mit sanftem Lächeln im Gesicht.
Wollt ich mit Euch tauschen? Sicher nicht!
Statt Eurem Lärm im Straßenkrieg
will ich lieber der Musik
meiner Paragrafen lauschen.

Das Strafgesetzbuch? Ein Gedicht!
Ihr glaubt das nicht?
Dann lasst Euch überzeugen!

Die Poesie des Strafrechts

§ 11 StGB *(Personen- und Sachbegriffe; hier: Angehöriger)*
In besond'rem Falle
werden Angehörige alle
als „Liebste" vom Gesetz erkannt,
die dem Betreffenden verwandt,
durch Schwägerschaft verbunden,
direkt nach oben, wie nach unten;
dann Adoptiv- und Pflegekinder,
Eltern gleichen Grads nicht minder;

auch Geschwister, Gatten,
die verlobt sich hatten,
und von Geschwistern, die vermählt,
auch deren Gatten noch gezählt.

§ 20 StGB *(Schuldunfähigkeit wegen seelischer Störungen)*
Wer eine böse Tat verübt,
dieweil sein Geisteslicht getrübt,
sei's, dass ihm das Bewusstsein fehlte,
sei's, dass ihn eine Krankheit quälte,
die mit dem prüfenden Verstand
des Willens Freiheit ihm entwand:
Dessen Handlung kann nicht strafbar sein!
Er steht vorm Richter engelrein.

§ 32 StGB *(Notwehr)*
Wer widerrechtlich angegriffen,
geschliffen oder ungeschliffen,
mit Messer oder Faust sich wehrt
und seinen Widerpart versehrt:
Die Notwehr kann nicht strafbar sein!
Er steht vorm Richter engelrein.
Auch um einen andern zu beschützen,
darf man aufs Notwehrrecht sich stützen.

§ 35 StGB *(Entschuldigender Notstand)*
Wer eine böse Tat vollbracht,
weil der Gewalten Übermacht
ihn willenlos dazu getrieben
und keine Wahl ihm sonst geblieben;
wer gleich gewaltig ward bedroht,
so dass in Leib- und Lebensnot

er schon verloren musste meinen
sich, oder seiner Liebsten einen:
Dessen Handlung kann nicht strafbar sein!
Er steht vorm Richter engelrein.

§ 127 StGB *(Bildung bewaffneter Gruppen)*
Bewaffnet durch die Straßen laufen,
ziemt nicht dem unbefugten Haufen;
wer einen solchen drum formiert,
organisiert und kommandiert,
bewaffnet und verproviantiert,
sei zu Gefängnis condamniert.

§§ 78, 79 StGB *(Verjährungsfrist)*
Sobald der Richter etwas tut,
ist die Verjährung schon kaputt;
legt er die Hände in den Schoß,
geht sie aufs Neue wieder los.
Wer von dem Akt, den ausgeführt
der Richter, nicht direkt berührt,
der bleibe unbesorgt und heiter:
Für ihn läuft die Verjährung weiter.

§ 189 StGB *(Verunglimpfung des Andenkens Verstorbener)*
Nil nisi bene von den Toten!
Drum ist, was für Lebende verboten,
auch für jene nicht erlaubt.
Wer die Ehre ihnen raubt
auf verwerflich-böse Weise,
dem kommt die Strafe zu als Preise;
Gefängnis bis zwei Jahre dann,
was je nach Fall sich steigern kann.

§ 211 StGB *(Mord)*
Das Leben ist von Gott gegeben,
drum soll man keinem danach streben,
und wenn es einer dennoch tut,
mit Vorbedacht und kaltem Blut,
so hat er einen Mord begangen
und soll Lebenslang empfangen.

§ 212 StGB *(Totschlag)*
Wer einen tot zu Boden streckt,
mit Vorsatz, doch nicht überlegt,
ist wegen Totschlag einschließbar
für mindestens fünf lange Jahr'.

§ 213 StGB *(Minder schwerer Fall des Totschlags)*
Wer, als den Totschlag er vollbracht,
zum Zorn gereizet war mit Macht,
dadurch, dass er auf schwere Art
beleidigt und misshandelt ward,
beziehungsweise, dass von den Seinen
man dergestalt traktiert hat einen,
so dass er ohne alles Zaudern
die Tat beging, vor der wir schaudern,
der sei zum Mindesten bestraft
mit einem Jahr Gefängnishaft.
Das gleiche Maß ist einzuhalten,
wenn andre Mild'rungsgründe walten.

§ 216 StGB *(Tötung auf Verlangen)*
Wer auf bestimmtestes Verlangen
des andern Tötung hat begangen,
auf den ist mindestens drei Jahr'
Gefängnisstrafe anwendbar.

§ 223 StGB *(Körperverletzung)*
Wer andre Leut' mit Vorbedacht
am Leibeswohl zuschanden macht,
erhält Gefängnis bis fünf Jahr';
auch ist der Fall nicht undenkbar,
dass er ordentlich Pönale
für solche Barbarei bezahle.

§ 224 StGB *(Gefährliche Körperverletzung)*
Wurd' eine Waffe zornverblendet
und scharfes Werkzeug angewendet,
und ging's dem Opfer an den Hals
vermittelst list'gem Überfalls;
hat eine ganze Rotte gleich
verübet den Banditenstreich;
war schließlich, wer am Leib verletzt,
solch einer Rosskur ausgesetzt,
dass bei derselben offenbar
das Leben auf dem Spiele war,
so sei zehn Jahr Gefängnis
das allerletzte Strafverhängnis.

§ 226 StGB *(Schwere Körperverletzung)*
Wird der Verletzte invalid,
verlieret er ein wicht'ges Glied,
will seine Sehkraft nichts mehr taugen,
auf einem oder beiden Augen,
wird Sprach', Gehör und Zeugungskraft
bis zur Vernichtung mangelhaft,
tritt dauernde Entstellung ein,
so dass sein Anblick wird zur Pein,
hat Siechtum, Lähmung, Geistesnacht

ihm die Verletzung eingebracht,
kurz: war er Frevlern ausgesetzt,
die ihn am Körper schwer verletzt,
dann ist nicht unter einem Jahr
Gefängnisstrafe anwendbar.

§ 231 StGB *(Beteiligung an einer Schlägerei)*
Wenn Angriff oder Schlägerei
erfolgt in ganzer Kumpanei,
und einer wurde schwer verletzt
und gar ins Schattenreich versetzt,
soll jeder, der an dem Skandal
beteiligt war aus freier Wahl,
für die Beteiligung allein
bis drei Jahre ins Gefängnis rein.

§ 242 StGB *(Diebstahl)*
Wer eine fremde Sache nimmt
und sich zum Eigentum bestimmt,
erhält Gefangenschaft zum Lohn;
auch der Versuch ist strafbar schon.

§ 249 StGB *(Raub)*
Wer eine andere Person
gewaltsam und mit wüstem Drohn,
Bewegliches herauszugeben,
zwingt bei Gefahr für Leib und Leben,
wobei er die bewussten Sachen
sich selber will zu eigen machen,
wird wegen Raubes abgestraft:
mindestens ein Jahr lang Haft.
Weniger ist anwendbar,

nicht unter einem halben Jahr,
wenn sich der Fall so günstig zeigt,
dass das Gericht zur Milde neigt.

§ 263 StGB *(Betrug)*
Betrüger nennt man solche Leute,
die aus dem Irrtum ziehen Beute
und anderer Vermögen schäd'gen,
indem sie ihnen Lügen pred'gen,
und wahre Fakten voller Tücken
entstellen oder unterdrücken.

§ 315 StGB *(Gefährliche Eingriffe in den Bahn-, Schiffs- und Luftverkehr)*
Wer boshaft und mit Vorbedacht
den Bahnbetrieb gefährlich macht
durch Schädigung und falsche Zeichen,
durch Hindernisse und dergleichen,
der gehört ganz klar
ins Gefängnis bis zehn Jahr'.

§ 331 StGB *(Vorteilsannahme)*
Beamte, die sich schmieren lassen,
sind strafgerichtlich abzufassen,
auch wenn die Gegenleistung nicht
zuwiderläuft der Amtespflicht.
Das höchste Maß der Strafe sei
für solch dumme Schmiererei:
Gefängnis zwölf Quartälerchen
oder viele Tälerchen.

§ 332 StGB *(Bestechlichkeit)*
Beamte, welche sich hingegen
der vorgedachten Schmiere wegen
zu Taten willig finden lassen,
die zu der Amtspflicht nimmer passen,
sind schuldig der Bestechlichkeit
und sollen (falls nicht anderweit
sich reduziert das Strafverhängnis)
bis zu fünf Jahr' ins Gefängnis.

§ 340 StGB *(Körperverletzung im Amt)*
Manchmal praktizieren Amtspersonen
mit viel Grobheit die Funktionen,
die ihnen übertragen sind,
und toller Eifer macht sie blind.
Doch wenn sie dann zu weit mal gehn
und vorsätzlich – nicht aus Versehn! –
dem Opfer etwa eins versetzen
und es dabei am Leib verletzen,
beziehungsweise solche Sachen
durch andre machen lassen,
dann sollen sie im besten Fall
Gefängnis kriegen ein Quartal.

§ 344 StGB *(Verfolgung Unschuldiger)*
Gibt ein Beamter jemand preis
der Untersuchung, wenn er weiß,
dass die betreffende Person
unschuldig ist, so soll zum Lohn
für das, was er getan dem andern,
er selber hinter Gitter wandern.

Folgen der Gesetze

Herr Matz-Schober, Sie werden gütigst entschuldigen. Ich für
meine Person würde Sie durchaus nicht über Gebühr
belästigen wollen, aber der Herr Ermittlungsrichter
wünscht, Sie sollen in einer dringenden Angelegenheit
mit ihm sprechen. Es geht, soweit gibt es der Bericht hier her,
um einen wirklich ausgezeichnet durchgeführten Diebstahl,
den wir wohl Ihrer vollendeten Kunst verdanken.
Haben Sie bitte die Freundlichkeit, mich zu begleiten?
Zugleich erlaube ich mir zu bemerken: Sie haben die Wahl,
beizeiten zu protestieren und später jahrelang zu prozessieren.

Heimelig

Anna hat zwei Kinder, einen Mann und einen Garten.
Sie freut sich auf ihre Lieben, kann den Abend kaum erwarten.
Stefan fährt nach der Arbeit ins Krankenhaus.
Seine Mutter hatte eine OP; es sieht nicht gut für sie aus.
Hamid baut ein Haus in der Nachbarschaft von Klaus.
Tom wurde gestern scheiß Nigger genannt.
Die Täterin floh unerkannt.
Selina ist jung und motiviert. Sie studiert.
Helge macht wieder Überstunden.
Man hat einen Toten im Fluss gefunden.
Anke leitet jetzt eine Direktion.
Gute Arbeit, sagt Uli. Gratulation!
Und viele Grüße an deine Frau.
Bullensau!
Verpisst euch, ihr Schweine!
Flaschen fliegen und Pflastersteine.

Rücksicht? Natürlich keine!

Wir haben die Moral im Wald
gepachtet, Bretterbuden in Bäume geknallt,
Tripods gebaut, während ihr die Natur nur
verachtet, mit euren Karren die Luft versaut,
Schutzräume klaut für toten Asphalt!

Nehmt euch in Acht, jetzt wird Ernst gemacht:
Wir kennen eure geheimen Wege und Routen!
Wir werden euch mit Scheiße fluten!
Autobahnen sind Mist und Bullen Vieh!
Wir irren nie! Wir sind die Guten!

Ja, wir wollen viel! Unser Ziel? Ungehorsam in Zivil:
Vegane Banner von Brücken lassen, Löcher graben,
Zeit dafür haben, alle zu hassen, nachts wird's kalt!,
die uns mit Pauli im Mauli einfach so hier frieren lassen!

Streik in allen Gassen!

Mobilisiert die Massen!
Seid extrem:
Weg mit dem System!
Bäume lieben wir mehr
als Fabriken und Teer!

An allem Elend dieser Welt
ist der Kapitalismus schuld!
Geld! Der gierige Gott
– Wir verliern die Geduld! –
Mammon regiert, ein Moloch,
den, doch!, das Kapital gebiert!

Warum hassen sie nicht alle,
die ihre Jugend vernichtet haben?
Die jetzt wieder die Jugend
der neuen Generation vernichten,
weil sie nicht verzichten, die alten
Gewalten in ihrer verlogenen Tugend!

Tipp

Verschlaf die Zeit, vergiss das Denken,
verändre nie dein Schafsgesicht.
Lass dich von jedem Ochsen lenken,
und wenn er tritt, beschwer dich nicht!

Berliner Ballade

Sie hing wie eine Latte
Vom Schrank, so steif und stumm.
Am Morgen sah's ihr Gatte,
Rannte fix zum Polizeipräsidium.

„Meine Frau", so schrie er, „ist ganz mausetot!"
Auf der Wache wachte Polizeikommissar Schmidt.
Er rollte seine Augen, die Wangen wurden rot:
„Wie denn, ha'm Sie den Jeburtsschein mit?"

Dieses hatte er mitnichten,
Und er setzte sich in Trab,
Entsann daheim sich seiner Pflichten,
Schnitt sie einfach ab.

Er legt den Strick um seine Kehle,
Vor dem Spiegel, lächelt nett,
Trinkt einen Schnaps für seine Seele.
Schwapp! Schon baumelt er am Ehebett.

Unglücksfall

Es stehen vor dem Hebekran
Ein kleines Kind, ein Hund, ein Mann.
Die Eisenkette rollt und rinnt,
Es staunen Mann und Hund und Kind.
Da saust sie nieder auf den Grund,
Zerschmettert Mann und Kind und Hund.

Gemäßigt naht die Polizei,
Ein Chemiker ist auch dabei,
Bis er den Totbestand befund:
Ein kleines Kind, ein Mann, ein Hund.

Wandervolle Freunde

Vor Jahren an einem Felsenstrand
wurde Anke durch Zufall mit Ingo bekannt.
Sie kamen jedes Jahr hierher ans Meer,
hatten die gleichen Interessen:
Schnorcheln, Fotografieren, gutes Essen.
Beste Freunde waren sie bald.
Die eine traf den andern
vice versa fortan zum Wandern,
dann und wann,
im schönen Odenwald.

Sie hatten sich anfangs versprochen:
Es wird nicht über die Arbeit gesprochen!
Ihr Versprechen haben sie längst gebrochen.
Anke freut sich schon auf die Diskussion:
Argumente mit Gehalt von der vierten Gewalt!
Ingo grinst. Ich musste gerade daran denken,
dass wir beide uns niemals was schenken!
Wenn ich böse bin, verhaftest du mich!
Anke feixt. Ja, und ob! Jeder macht seinen Job.
Geht bei mir was schief, wirst du investigativ.
Sie schnüren die Schuhe und lachen.
Wie schön, beim Wandern Witze zu machen!

Ohne jeden Sinngewinn!

Es ziehen die brausenden Wellen
hin zum Strand;
sie schwellen und zerschellen
auf dem Sand.

Sie kommen, groß und kräftig,
ohne Unterlass;
sie werden schließlich heftig –
und was hilft uns das?

Kritiküsse

Das größte Maul und das kleinste Hirn
wohnen meist unter derselben Stirn.
(Arno Holz)

Manches Gedicht mit viel Genie
Ist nur Verhöhnung der Poesie.
(Paul Scheerbart)

Ihr müsst mich nicht durch Widerspruch verwirren!
Sobald man spricht, beginnt man zu irren.
(Johann Wolfgang von Goethe)

Einreichung

Anderntags, A. D. im August

Betr. Moderne Stadt – Lyrikpreis

Sehr geehrte Damen und Herren,
hiermit lege ich mein Amt in der Jury für den o. g. Preis mit sofortiger Wirkung nieder, da ich seit gestern unter starkem Brechdurchfall leide.
Mit freundlichen Grüßen
N. N.

Vortags, gleiches A. D. im August

Hallo liebe Jurymitglieder-Innen*,
warum suchen Sie denn nur Ernstes? Meine Oma sagt, auch neumodische Menschen müssen mal lachen. Ich schicke Ihnen daher meine drei lächerlichsten Gedichte. Für den Wettbewerb.
Ich hoffe, ich habe Glück und gewinne.
Viele Grüße vom Klaus

Vortags, gleiches A. D. im August

Hi Leute,
hier m1 Beitrag zu eurer Ausschreibung:

Dies ist ein Gedicht.
Du glaubst das nicht?
Halt mal dein Ohr dran:
Es spricht!

Ciao FF (Felix Fix)

PS1: Wenn ihr die beiden anderen auch noch wollt, einfach durchklingeln. Gern auch via WhatsApp.
PS2: Nomen est omen! 😊

Vortags, gleiches A. D. im August

Werte Damen!
Sehr geehrte Herren!
Ernsthafte, moderne Gedichte mit einem starken lyrischen Ich – als ich Ihren Ausschreibungstext las, fühlte ich mich sofort angesprochen! Ich gehe jeden Morgen in den Wald, um die Stille zu genießen (Meine Nachbarn sind leider zuweilen ordinär laut!), und in der schönen Natur fliegen mir die Gedichte zu wie kleine Vögelein. Anbei finden Sie eine Auswahl meiner besten Waldeslyrik aus den vergangenen zehneinhalb Jahren als Einreichung für Ihren Wettbewerb.
Hochachtungsvoll
Ihre Ilse Bilse

Postscriptum: Ich habe selbstverständlich gelesen, dass Sie eigentlich nur drei Gedichte pro Teilnehmer wünschen. Aber Sie werden mir zustimmen, dass diese kleine Auswahl das Mindeste ist, um das gesamte Œvre zu verstehen. Meine drei Lieblingsgedichte habe ich aus dramaturgischen Gründen als letzte gesetzt. Ich bitte Sie aber inständig, wirklich <u>alles</u> zu lesen!

Anlagen:

- *99 ausgewählte Gedichte aus dem lyrischen Zyklus „Ich steh im Wald" (333 Seiten)*
- *Schlüssel zum Werk mit handschriftlichen Anmerkungen der Autorin (53 Seiten)*
- *Kurzvita (12 Seiten)*

Nr. 97

Die Welt ist so schön und der Himmel so blau,
Und die Lüfte wehen so lind und so lau,
Und die Blumen winken auf blühender Au,
Und funkeln und glitzern im Morgentau,
Und die Menschen jubeln, wohin ich schau –
Und doch möchte ich im Grabe liegen,
Und mich an ein totes Liebchen schmiegen.

Die blauen Veilchen der Äugelein,
Die roten Rosen der Wängelein,
Die weißen Lilien der Händchen klein,
die blühen und blühen noch immerfort,
Und nur das Herzchen ist verdorrt.

Nr. 98

Über allen Gipfeln
Ist Ruh,
In allen Wipfeln
Spürest Du
Kaum einen Hauch;
Die Vögelein schweigen im Walde.
Warte nur! Balde
Ruhest du auch.

Nr. 99

Bunte wilde Blätter fliegen
Um die Wette mit dem Wind,
Bleiben auf den Dächern liegen,
Decken alles zu geschwind.

Dunkle schwere Wolken ziehen
Träge über düstres Land,
Mäntel unter Schirmen fliehen
Hastig vor der Regenwand.

Sturmböen rasen ohne Zügel
Ungestüm durch Wolkenhügel,
Gras und Baum biegt sich und fällt.
Fahle Sonne, graue Welt.

Nach der Lektüre eines Manuskripts mit Gedichten

Dieses süße Zeug ohne Saft und Kraft
hat mir doch glatt mein Gedärm erschlafft!
Es roch nach welken Rosen und Kamilleblümelein:
Mir wurde ganz übel, und Migräne setzte ein.
Zum Henker, war das lausig und dumm!
Ich sah mich verzweifelt nach Kräftigem um,
lief in den Garten, zum Beet hinterm Haus
und zog einen dicken Rettich heraus.
Ich habe ihn bis auf den Strunk gefressen
und diesen Murks zum Glück vergessen.

Erzählkunst

auserlesen
durchlaviert
ausgezeichnet
angeschmiert
ausgewogen
inhaltsschwer
ausgesprochen
lästig leer.

Schwarz fehlt

Wir paddeln mit dem Gummiboot
zu unsren roten Felsen,
wo der weiße Leuchtturm thront,
und an den Hängen grünen Pinien.

Die Sonne wirft ihr Morgenlicht
als glänzend gelbes Band
aufs Wasser, und am Horizont
verbindet Himmelblau das Meer
mit sanften weichen Linien.

Nachtgespenster

Der bleiche Mond
kippt Licht
ins Meer.
Es glitzert auf den Wellen.
Die Nacht vertont
mit Grillen, sehr
Stille
ist es nicht.

Morgenstund

Im frühen Vogel
tobt der Sturm.
Ich schlafe,
denn ich bin ein Wurm,
heute lieber länger.

Der Dinosaurier wird immer trauriger

Es raschelt in den Schachtelhalmen,
verdächtig leuchtet das Meer;
da schwimmt mit Tränen im Auge
ein Ichthyosaurus daher.

Er jammert über schlimme Zeiten,
denn ein sehr bedenklicher Ton
ist neuerdings eingerissen
in der Liasformation.

Der Plesiosaurus, der Alte,
jubelt in Saus und Braus,
der Pterodaktylus selber
flog neulich betrunken nach Haus!

Der Iguanodon, der Lümmel,
wird frecher zu jeder Frist,
schon hat er am helllichten Tage
die Ichthyosaura geküsst!

Und so klagt der Ichthyosaurus:

Ich ahne die Weltkatastrophe,
so kann es nicht weitergehn!
Was soll aus dem Lias noch werden,
wenn solche Dinge geschehn?

Was ist nur der Grund für das Böse?
Es lässt sich so vieles vermuten!
Sein letzter Seufzer verhallt
im Qualmen und Zischen der Fluten.

Es starb zur selben Stunde
die ganze Saurierei.
Sie standen zu tief in der Kreide;
zum Glück war es schnell vorbei.

Fix Glücklich

Gestatten: Ich bin Felix Fix,
die schnellste Kerze im Dichterkuchen!
Ich weiß von nix, doch brenne ich und dichte
schon seit Jahren täglich unerträglich
über dieses Leben, eben wie es ist: unsäglich!

Ich verrichte meine Reimerei
von abends acht bis zehn Uhr drei.
Was sollte ich mich länger plagen?
Dem Mus im Brei ist's einerlei,
mir auch, und schon sind's zweierlei.

Überhaupt, ich finde: So manchem Dichterhirn
fehlt hier und da Gewinde
hinter seiner schlauen Nase und der hohen Stirn.
Wären sie, gelinde, nur etwas mehr geschwinde
– So fix, wie ich es täglich bin! –
wären sie auch Felix, und ihr kluges Dichten
hätte endlich Sinn.

Ich haue meine Reime raus,
schräg und schrill und schrumpelig;
probiere gern Verrücktes aus,
schneide sie in dünne Streifen.

Ich streiche sie erst silbern an
und lasse sie dann gären.
Um sie anderntags zur gleichen Zeit,
als ob sie Brote wären,
zu kneten, rollen und zu backen.

Sind sie endlich fertig, fettig und noch warm,
bestreue ich das Ganze mit Pfeffer, Honig, Darm.
Den gestreiften Silberdung drapiere ich mit Schwung
erst rechts, dann links herum, in einem großen Baum.

Ich sitze da im Schatten und glaube es ja kaum;
nein, ich kann es gar nicht fassen:
dass den Menschen auf der Welt
tatsächlich frischer Scheiß gefällt!
Dass sie sich betören lassen,
wenn er nur Lametta heißt
und silbern in der Sonne gleißt.

Käse!

Nudeln im Meer
Macht Spaß.
Und wie
Seihst du die ab?
Wir schwimmen,
Du Kapp!

Die neuesten Regeln in der Politik*

1. Lache voller Witz über die spießigen Alten.
2. Versprich alles und gedenke, nichts zu halten.
3. Rede jedem nach dem Mund und finde einen Grund.
4. Sei dienstbeflissen und spar dir dein Gewissen.
5. Wenn man dich braucht, sei wacker und mach dich vom Acker.
6. Lerne, stark Erregten mit sanftem Lächeln zu begegnen.
7. Stecke dein Nein in einen goldenen Schrein.

▶▶▶ Du wirst der geborene Politiker sein!

*Auch unter dem Begriff „Die sieben goldenen P" bekannt.

Et altera pars

Schon Joseph Victor von Scheffel sagt: Lass
von Klassen-, Rassen- und Massenhass!
Doch bitte zähme auch deine Triebe
in Klassen-, Rassen- und Massenliebe!

O tempora, o mores!

Früher standen Junge für Alte höflich auf.
Heute bleiben Junge sitzen und rufen: Alte, lauf!

Der Kobold
(frei nach Wilhelm Busch)

In deinem hübschen kleinen Haus
sah's irgendwie chaotisch aus.
Irgendetwas war nicht richtig.
Oben spukte es und tobte tüchtig:
Ein Kobold war's, der böse
schließlich mit Getöse
wie ein wildes Bübchen
direkt vom Oberstübchen
mitten auf die Gasse sprang,
wo er das Lied vom Kobalt sang.

Schnell bautest du ein neues Haus,
potz Blitz: Das sieht genauso aus!
Sie haben dich betrogen:
Der Kobold ist mit umgezogen
und macht mehr Ärger als zuvor!
Du setzt ihn vor das Tor,
und er schlägt als Bumerang
alle naselang
von Neuem ein.
Schließlich lässt du's sein
und hast das Tor weit aufgemacht.
Wer bist du? Sprich!
Der Kobold lacht. Ich bin dein Ich.

Die Schaumgeborene

Sie baute ein Haus ans Meer
in einen paradiesischen Garten.
Vier Gärtner gossen und hegten,
sortierten Blumen nach Farben und pflegten
uralte Pinien und riesige Palmen.
Am Strand schlug der Wind die Wellen zu Schaum.
Es war ihr wahrgewordener Traum!

Abends, unterm Mond,
von zwei Schützern bewacht,
parliert sie charmant und betont,
wie unendlich glücklich dieses Haus sie macht.

Sie trinken Champagner, Whisky und Gin,
schlürfen Austern vor dem Hummer leer.
Die Gastgeberin meint, sie freue sich sehr.
Sie hoffe, die Soirée werde allen gefallen.
Meine Liebe! Deine Villa, der Garten, das Meer,
Das ist ja wie ein Lottogewinn!

Bald fangen die Herren an, Witzchen zu machen,
die Damen lächeln, kichern und lachen.
Die Herren rauchen Zigarren, und ihre Zoten
beginnen die Damen von eins bis sechs zu benoten.
Die Dame des Hauses schaut aufs Meer.
Ihr Blick wird leer, sie langweilt sich sehr.
Hallo, Liebes – bringst du uns noch was zu Süffeln her?

Die Damen verputzen den letzten Likör,
derbe Witze stören schon längst nicht mehr.
Die können wir jetzt – Mädels, lasst's krachen! –
dreimal besser selber machen!

Nach dem zehnten Likörchen ist nix mehr beschwörchen!
Die Herren grölen und schnicken Nudeln ins Meer,
Würstchen folgen, und das Buffet wird leer.
Das ist ja 'ne Sause, das macht mal was her!
Hallöchen, die Dame, jetzt aber pronto! Die Bar ist leer!

Ein Herr wirft einer Dame ein Glas hinterher,
die Schwester der Freundin findet's *not very nice*,
die Freundin erschrickt und verkleckert ihr Eis.
Die Herren ziehen verschwitzt die Schlipse und Jacketts aus
und geben noch längst keine Ruhe.
Bei den Damen fliegen die Stolen; es folgen Stöckelschuhe.
Zwei Herren wollen den guten Wein aus dem Keller holen;
die Dame des Hauses bemüht sich sehr.
Also, wikklich, Gretchen! Hast du echt kein Allohol mehr?

Zwei Herren wischen Geschirr von den Tischen,
Zwei streiten sich hitzig, drei finden das witzig.
Einer fängt an laut zu singen, zwei Damen springen
aufs Mobiliar und kreischen in die Nacht hinaus:
Hey Guys! So sieht heute *Tabledance* aus!

Schließlich stolpern sie alle,
die Lisa, die Lena, der Berti, der Kalle,
und wie sie sonst noch so nächtens heißen,
zum mondlichtbestreuten Strand.
Sie torkeln und schwanken, trudeln und wanken,
gickern und gackern und noch viel mehr
mit höchsten Vergnügen im nächtlichen Sand.
Die Damen bläken, autschen und singen,
Kleider verknautschen, Toupets kriegen Dellen.
Die Herren planschen und ringen
mit den dunklen, gefährlichen Wellen.

Ein Bad im Mondschein für alle!, brüllt Kalle
und verbiegt die dumme Gürtelschnalle.
Du bist der größte Trottel auf Erden!,
giftet Lisa mit Schuckauf und Gallenbeschwerden.

Die Herren johlen und reißen
an Verschlüssen, Knöpfen, verheißen,
dass sie nackt zu Göttern werden.
Kalle kämpft mit der Schnalle. Verflucht, der Schnaps ist alle!
Zwei Damen würgen und kotzen ins Meer.
He, Alte! Bring uns gefälligst noch was zu Saufen her!

Im zarten Morgenrot
liegen sie alle wie tot
in dem schicken Boot,
ohne jeden Sinngewinn,
vorne, hinten, mittendrin,
mit dem sie gestern gekommen sind.

Die Herren schnarchen bald laut,
aus den Kabinen der Damen dringt
ein Stöhnen hier, dort Blisterknistern,
wenn eine Pille aus der Verpackung springt.
Auch wenn nicht nur der Morgen graut
und keiner so bald in den Spiegel schaut:
Die Fete bei Grete war nicht nur kulinarisch,
sondern sehr exemplarisch, ein Vollgewinn.

Schaut man etwas näher hin,
entdeckt man die Gastgeberin
im Garten unterm Baldachin.
Sie stöhnt und greift sich an den Kopf;
an ihrer Bluse fehlt ein Knopf.

Erinnerungen hat sie keine,
in ihrem Schädel dröhnen,
mindestens, zwei Hinkelsteine.
Gedankenfetzen blitzen,
hängen, bleiben, sitzen.

Mühsam steht sie auf,
kann nicht länger warten,
muss sich an das Licht gewöhnen,
torkelt zur Veranda rauf.
Übel wird ihr und ganz flau:
Ihr wunderschöner, teurer Garten
sieht mal wieder aus wie Sau!

Sie stolpert ins Haus, ruft die Gärtner an. Sie müssten heute früher und länger ran. Sie zieht sich aus, lässt die Kleider fallen, verbietet allen, laut zu reden und Lieder zu singen, lässt sich eine Pille bringen, schläft ganz fest und tief, denn sie weiß, da geht nichts schief. Abends wird sie pünktlich geweckt; alle Tische sind festlich eingedeckt. Lampions und Lichter leuchten: Der Garten wirkt wie hingemalt!

Nachts, unterm Mond,
von Schützern treu bewacht,
parliert sie charmant und betont,
wie unendlich glücklich ihr Garten sie macht.

Zwei junge Beautys fangen an zu zanken,
die ersten Schwätzer nuscheln und schwanken,
und sie verscheucht die lästigen Gedanken,
denn sie ahnt, dass sie die letzte Zeche
womöglich nicht mit Geld bezahlt.

Grüner Daumen

Ein Garten, den du wirklich liebst,
schenkt dir Düfte, Klänge, Schweigen,
malt dir Farben, Schatten, Licht;
gibt dir zurück, was du ihm gibst.

Im Sommer webt er Grünes zu einem dichten Wald;
bald wird er Fülle schenken, die im Frühling er gebar.
Im Herbst wird er im Winde sich malerisch verneigen
und, zum Abschied, frostig weißen Zauber zeigen.

Ach, wie kurz das Jahr doch war!
Doch du spürst, schon bald
wird der Winter wieder weinen,
alles grün, die Sonne scheinen.

Letzte Tischrede

Mit Euch jetzt hier am Tisch zu sitzen,
macht mir einen Höllenspaß!
Ich träume schon von Euren Witzen!
Wohl dem, der mit Euch Austern aß.

Darum möchte ich mit Wohlbehagen
Euch heute allerfreundlichst sagen:

Was Ihr sauft, ist pure Galle,
was Ihr fresst, nur alter Quark!
Ihr seid das allerschlimmste Pack der Welt
und habt mir jahrelang jede Nacht vergällt!

Ich liebte die Sterne
Requiem II

Am Medienhimmel
Aus und vorbei.
Das bunte Gewimmel
Rührt heiligen Brei.

Warum?
Ist das Kalkül, Ignoranz
Oder ganz
Einfach nur dumm?

Die vierte Gewalt
Wirft Hirn über Bord,
Kennt keinen Halt,
Hinweg damit, fort!

Sonst könnte wer denken,
Dass sie die Zukunft verschenken!
Ja, Meinung war immer.
Der Brei ist schlimmer.

Tendenzen
Ließen sich begrenzen.
Leser lasen einfach mehr
Hin und her, kreuz und quer.

Ein guter Journalist
Macht sich nicht gemein,
Soll sagen, was ist,
Frei und kritisch sein.

Er hinterfragt auch Gutes:
Wer, wie, warum tut es?
Schließlich können hehrste Sachen
Das Paradies zur Hölle machen.

Die neue Edelfeder-Ethik
Entwickelt sich prächtig und stetig.
Einmal logisch nachgedacht,
Hätte es schnell Klick gemacht,
Denn da führt sie hin:

Das nächste Magazin
Kreiert als Hobby
Die Autolobby.

Der Sternenhimmel in Futur
Ist Imperfekt in Reinkultur.

Nur

Bloß
Schnell
Fertig
Machen
Ich bin
So
Gut
Durch
Schaut
Hin – über – rein – ge
Halali! er
 legt
 ledigt.

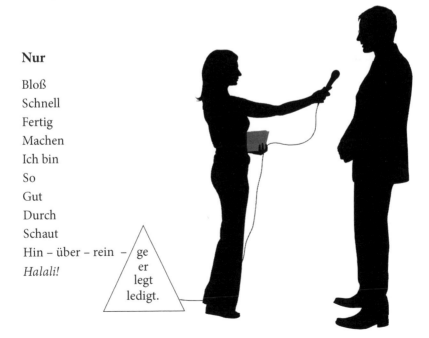

Attacke

Es galt einmal, das klingt heut schal,
als erste Regel für Kommunikation:
Schätze dein Gegenüber, dann wird das schon,
und wichtig bei einem, vielen Menschen, Massen:
Bloß nicht in Panik verfallen lassen!

Panisch geht das gründlich schief:
gerecht sein, klug und kreativ.
Panische Menschen wählen
nicht den Kopf, es zählen
nur Instinkte: Draufhaun, weg und raus!

Panik ist ein schlimmes Haus:
Vernunft mit Verstand an der Hand
fliehen als bleiche Gespenster
durch kaputte Türen und Fenster.

Die Feuerwehr rennt,
weil der Dachstuhl brennt.
Sie löschen Flammen und Rauch
mit einem hergebrachten Schlauch:
Panik bricht euch das Genick!

Die Masse klatscht nicht mehr zurück;
sie probt ein brandneues Stück.
Das klingt sehr klug, modern und schick:
I want you to panic!
Endlich die Lösung! Was für ein Glück.

Polizist?

Wenn das kein trefflicher Zufall ist:
Reimt sich perfekt auf Faschist und Rassist!
Nun ja, auf Müllhalde nicht so gut,
Was nichts weiter zur Sache tut.

Wir nehmen stattdessen Dreck und viel Mist,
Worin sich die Sau suhlt und Scheiße frisst.
Na, jetzt lacht endlich mal! Es betrifft doch nur:
Jeden von euch und die gesamte Struktur.

Hoffnung? Nein, danke!

Lieber Bruder, liebe Schwestern:
Ja, ihr dürft jetzt weiterlästern,
über mich und auch
über diesen alten Schlauch!
Ich komme aus dem Vorvorgestern,
und ich dichte immer noch.

Der dumme Schlauch jedoch,
der lässt
was ich auch mache, denke, tue,
es sickern, schwitzen, und es nässt,
ich habe kein Minütchen Ruhe,
immerfort aus diesem Loch.

Was am Abend heiß beginnt,
ist morgens meistens kalt.
Gestern war ich ein kluges Kind.
Heute bin ich blöd und alt.

Nur einmal noch

Das tiefblaue Meer wiedersehen,
zu den roten Felsen gehen,
die wilden Kräuter, die Erde riechen!
Sie haben es versprochen,
und das Versprechen ist gebrochen!

Das ist ein Strand, ja! Aber nicht mein Ort!
Sie schütteln den Kopf, lügen, bringen mich fort.
Doch morgen, ich versprech's, bin ich dort!

Der Weg ist fremd: Warum muss ich kriechen?
Die uralten Eichen geben mir Zeichen.
Ich lache: Euer Kork ist so runzlig wie ich!
Ein warmes Umarmen: Wir lieben dich!

Früher ging es diese Treppe hinunter,
doch jetzt keine Spur! Wo ist sie nur?
Dort!, sagen die Bäume, und ich träume
vom Meer. Da! Dieses Blau! Wir liebten es sehr.

Ich weine. Ich weiß: Ein letztes Mal komme ich her.
Die Sonne brennt heiß. Schwimmen im kühlen Meer!
Nur einmal noch, ich weiß es doch: Es wird nicht mehr.

Ich finde den Weg nicht hinab, lege meine Kleider ab.
Eine junge Frau hilft. Warum ist sie plötzlich hier?
Ihr Gesicht – müsste ich sie von früher kennen?
Will sie ihren Namen nicht nennen?

Ich danke, springe ins Meer, die Wellen, die Felsen sind leer.
Ach, wie ich das liebe! Wenn es doch immer so bliebe!

Ich schwimme umher, finde den Ausstieg nicht mehr!
Ein Mann hilft mir heraus, er sieht wie Du, nur viel älter aus.

Ich sehe die Möwen, hoch oben über dem Turm.
Erinnerst Du Dich an den Sturm?
Wie der Wind uns fast von den Klippen blies?
Wie ich lachend mein Taschentuch wegwehen ließ?
Wir waren verliebt, glauben noch, dass es Wunder gibt.
Dass wir eines Tages Flügel kriegen
und wie die Möwen über alle Klippen fliegen!

Die roten Steine, sonnenwarm. Wir waren zu arm
fürs Fliegen. Das Rot kommt vom Blut?
Die Pinien sind grün! Hier ist es schön!
Der Ort trägt uns fort, tut uns gut.

Ich bin nicht allein. Ja, hallo? Ich komme gleich!
Ich springe federleicht, eine junge, schöne Frau,
Doch vielleicht –
Der Schuh klemmt im Stein, ich falle. Au!
Plötzlich sind Fremde da, verbinden
mir Hand und Fuß. Gesichter schauen, verschwinden.

Ich weine. Warum wissen die's nicht? Mein Schmerz
ist nicht im Fuß, nicht in der Hand. Er steckt im Herz!
Irgendwer ruft: Sanitäter! Sie betten mich weich.
Ich verstehe das nicht. Wo ist das Sonnenlicht?
Eine Decke über mir. Ich will das hier nicht!

Jemand stützt mich, so viele reden. Hört auf zu stören!
Es bleibt wenig Zeit; sie soll allein Dir gehören!
Ich weiß: Meine Gedanken kullern zuweilen, verknoten.

Mein Leben verblasst.
Ich vergesse, wen ich geliebt, wen ich gehasst.

Wir haben es dir verboten!
Kenne ich das Gesicht? Nein, ich kenne es nicht!
Sie geben mir Wasser, ich trinke, versinke.
Die Hand tut so weh!
Geh weg, fremdes Gesicht! Geh endlich, geh!

Über mir höre ich Rotoren. Motoren?
Der Wind verwirbelt mein Haar.
Wie es einst auf unseren Klippen war!
Die Schmerzen sind weg, alle sind fort.
Ich werde munter, ein Seil fällt herunter.

Bonjour, mein Lieber!
Ich bin an unserem Sehnsuchtsort!
Ja, halt mich fest! Um mich ist Sturm; alles wird klein:
das Meer, unsere Klippen, die Pinien, der Turm.
Gleich werden wir wieder zusammen sein.

Jemand macht die Tür hinter mir zu.
Ich bin im Himmel. Nun ist Ruh.
Ich bleibe liegen.
Wolken sind,
wo eben Gischt und Wind
um mich war. *Au Revoir!*

Ich komme, bin da!
Wir atmen, leben, schweben,
unser Traum wird wahr:
Wir fliegen!

Ein Märchen für Klärchen

Es war einmal ein kleiner Schrein,
fernab vom Wegesrand,
der wollte eine Kirche sein,
berühmt und weltbekannt.

Der Pfarrer kam,
versank vor Scham.
Das ist ja bodenlos!

Ein Bauer kam
und lachte bloß:
Als Kirche wärst du viel zu groß!

Und du, du dummer Willi, du,
im Denken viel zu lahm!,
schimpft das Schreinchen wüste,
bis selbst Marias Büste
ein Klappern hören ließ.
Vielleicht war's auch der Frühlingswind,
der durch die Ritzen blies.

Dann kam des Wegs
ein kleines Kind,
blieb vor dem Schreinlein stehn.
Es reckte und es streckte sich,
um alles gut zu sehn.

Die Mutter will das Mädel heben;
sie erntet Wut und Widerstreben.
Die Kleine brüllt: Ich bin schon groß! Lass mich los!
Voller Zorn, anstatt ihn einfach aufzufuttern,

schmeißt sie seitlich schräg von vorn
den Schokoladenkeks von Muttern
mitten in den Schrein hinein.

Das Schreinchen ist jetzt richtig sauer.
Die sind ja schlimmer als der Bauer!
In einer Kirche wagten sie
derlei Frevel niemals! Nie!

Nicht geachtet, ausgelacht,
der Keks schmilzt in der Sonne;
da hat der Schrein bei sich gedacht:
Ich will kein Krümelmonster sein
und keine Biotonne!

Und so beschloss der kleine Schrein,
am Abend, still für sich allein,
das Schreinsein einzustellen.
Das Gitter vorne rostet ein,
die Schindeln kriegten Dellen.

Und bald schon wuchs viel hohes Gras,
und zu Mariens Füßen
zerbrach des Schreinchens letztes Glas;
und eine kleine graue Maus ließ sich den Tag versüßen.
Sie hat den Schokokeks gefressen
und die böse Welt vergessen.

Endlich kam der Architekt
und hat den Schrein ganz neu entdeckt.
Das ist zu klein! Ich mach das groß!
Das Schreinlein war entzückt. Hurra!,
rief es beglückt. Der Erlöser ist jetzt da!

Der Maestro hat derweil ganz nüchtern,
erst mal tüchtig Maß genommen.
Dann haute er beim Meyer-Lutz auf den Putz
und ließ die Baukolonne kommen.

Er legte los, der Meister der Moderne,
hat erst gelobt, dann Druck gemacht,
hat auf die Tradition gepfiffen
und alles Alte abgeschliffen.

Schließlich hat er rumgetobt:
Von welchem Vollidiot
stammt dieser Eimer Farbe?
Ich sagte grau, nicht rot!

Als der große Bagger kam,
versucht das Schreinchen schüchtern,
noch Veto einzulegen. Zu spät. Der Architekt
hat das Terrain längst abgesteckt.

Alle Bäume ringsherum
fielen ritscheratsche um.
Das Gitter wurde weggebracht,
Dach und Schindeln flogen fort.
Und wo dereinst Maria stand,
ziert eine Eisenplatte nun die Wand.

Im Spätherbst waren alle weg,
und auf dem Hügel thront
ein Klotz.
Und wo Maria nicht mehr wohnt,
glänzt, ohne jeden Sinn und Zweck,

Willi lacht, den Schrein packt Scham,
Stahlrohr jetzt auf blankem Dreck.
Im Winter blieb der Hügel leer.
Der Frühling kam –
und niemand mehr.

Eimer I

In einer Ecke stand vergessen,
von Unkraut halb begraben,
wie Volkesmund so schön so sagt:
Den Eimer feuerrote Farbe haben
die Mäuse sicher längst gefressen.

Die feuerrote Maus

Die Nachbarin der Kekse-Maus
fand, sie sehe grässlich aus.
Dann dachte sie, sie wäre schlau
und sprang in einen Farbentopf.

Schon war sie rot statt mausegrau
und alles andre schnurz.
Sie wollte es der Freundin sagen!
Stolz und keck hob sie den Kopf.

Der schwarze Kater stutzte kurz,
dann knurrte ihm der Magen.
Er packt das Leckerli beim Schopf,
da war nicht viel zu wagen.

Eimer II

Auf dem alten Eimer
schneckten alsbald Schleimer.
Schließlich blies der Wind ihn um.
Und im Frühling blühten blaue Blumen
um das verblasste Rot herum.

Reminiszenz I. Erinnerung

Auf dem kahlen Hügel dort,
erinnern sich die Leute,
stand einst ein alter Schrein.
Ja, er war ein bisschen klein,
und plötzlich war er fort.

Heute sieht ein Jedermann,
der ohne Brille sehen kann,
hässlich graue Riesenteile:
zu hoch und düster, steil und breit,
aus jeder Richtung. Meilenweit.

Früher war's ein hübscher Ort,
erinnern sich die Leute.
Romantisch halt und schattig dort,
heimelig und heile.

Reminiszenz II. Verehrung

Nach vielen Jahren kamen
Studierende in Scharen.
Sie parkten, wo einst Bäume waren,
stiegen aus – und staunen:
Stahl und Rohr! Beton! Zement!
Verharren, Starren, Raunen.
Sein Monument.

Zur Lebzeit oft verkannt, verlacht,
hat man den alten Architekt
unlängst völlig neu entdeckt.
Was posthum rege Neugier weckt.

Schon doziert ein junger Mann:
Sein Erstlingswerk, das stand
an einem Strand bei Cannes.
Mich packt noch heute Grausen,
denn lauter Kunstbanausen
haben es zerstört:
Sie bauten ein Geländer dran
und setzten innen Stufen!

Diese Frevler!, rufen
alle, hell empört.
Sie drängeln und sie zücken
ihre Handys, wischen, drehen, drücken.

Wenn alle alle Bilder haben, ist der Beweis erbracht:
In diese schnöde Öde, ans Ende der Welt,
hat der Meister aller Meister
sein Lebenswerk gestellt!

Dann hat die Frau im Rotbedressten
inmitten all der Kunstgestressten
einen Scherz gemacht.

Das war einmal ein kleiner Schrein;
er stand schon ewig dort.
Die Bauern tranken hier ihr Bier.
Ich warf mal einen Keks hinein.
Später zog ich fort.

Da standen sie und guckten schräg.
Und keiner hat gelacht.

Mama, können Schreine weinen?

Ich weiß es nicht, mein Schatz.
Doch wenn, dann sicher nur die kleinen.

Abgesang

Schließlich hat der Architekt
ein letztes Mal sein Haupt gereckt,
und was da aus der Grube klang,
war alles, nur kein Minnesang.

Ihr gottverdammten Heuchler! Intriganten!
Zentnerschwer wie Elefanten
seid ihr, ohne jegliches Gespür,
über mich hinweggetrampelt!

Ich blieb für euch mein Leben lang
dem Humpen-Rainer sein ganz Kleiner.
Der kann ja nichts, auch nichts dafür,
dass die Mutter so jung starb und der Vater zu viel trank.
Dass die da im Chaos lebten und die ganze Wohnung stank.

Als ich an der Uni war, habe ich mich bang
gefragt, wie ich das schaffen soll.
Wie doll hab ich mich abgestrampelt.
Ich schaffte es, war hoffnungsvoll.
Ihr habt derweil herumgehampelt,
gelacht, gesoffen und gefeiert, ganze Nächte lang.

Nach meiner Promotion habt ihr keinen Ton
gesagt. Doch hinter meinem Rücken mit Verzücken:
Wisst ihr's schon? Der heißt jetzt Dr. Humpen-Rainer-Sohn!
Glaubt nicht, dass ich nicht wüsste, dass alle ihre Nase rümpften
in euren elitären Zirkeln und Zusammenkünften!

Ihr seid bei meinem ersten Preis
vor fremden Leuten, Laudatoren,
vor aller Augen, aller Ohren!,
als Ehrengäste eingeschlafen.
Schließlich war's nur dummer Scheiß
vom dummen Sohn vom doofen Rainer!

Als ich die schönsten Häuser baute, das Ausland mich entdeckt:
Türme, Brücken, Hallen, das Quartier im alten Hafen!
Gratuliert hat mir da keiner.
Stattdessen habt ihr feist gegrinst: die Côte d'Azur? Doch, ja, schon.
Dort beginnt fast jeder Tag in tiefstem Himmelblau.
Einfach der perfekte Ort für Humpen-Rainers Sohn!

An einem roten Felsenstrand, nicht weit weg von Cannes,
habe ich mit Vater, Mutter, eine schöne Zeit verbracht.
Bis mein Vater, vollgesoffen, eine Treppe runterfiel. Dann
hat uns jeder ausgelacht. Meine Mutter hat das sehr getroffen;
im Dasein sah sie keinen Sinn. Wir fuhren nie mehr hin.

Wenn man das mal recht bedenkt:
Der Anfang meines Künstlerlebens datiert auf jene Felsenwand!
Ich baute keine Häuser mehr, und mein Werk an diesem Strand
habe ich den Leuten dort aus Dankbarkeit geschenkt.

Danach fing euer Flüstern an, dass ihr mich von früher kennt.
Der kleine Bub von nebenan, der kriegt jetzt auch noch Größenwahn.
Und überhaupt: Zuviel Gedöns um das bisschen Stahl, Zement.
Ja, hier sei es zugegeben: Ich baute gerne Groß in Grau,
nicht etwa, weil es mir gefiel, sondern rein aus Bauchgefühl.

Jetzt hält sogar mein größter Spötter,
Reginald, Lobes-, Dankes-, Ehrenreden!
Beehrt die Architektengötter
von Deutschland bis hinauf nach Schweden,
präsentiert ganz ungeniert meine Restideen!

Reginald, ich war nur Sohn. Und das bist du:
durch und durch ein schleimig glatter,
platter, mieser fieser, feister, fetter Lurch!
Und, als Toter darf ich's sagen:
Die andern denken ebenso!

Selbst in deinen hohen Kreisen sind sie alle froh,
wenn sie dich von hinten sehn. Der Reginald?
Gott, bewahre! Doch keiner gibt es zu.
Chapeau! Die sind wie du:
hinterhältig und verlogen.

Ich freue mich, auch du wirst alt,
und glaube mir, der Tag kommt bald,
schon liegst du starr auf einer Bahre,
wenn ich dich dann begrüßen kann.

Willkommen in der Unterwelt!
Keine Macht mehr und kein Geld!
Drum sei gescheit, klopf leise an:
Hier bin ich der Herr, und du bist zugezogen!

Der innere Architekt

Wem's in der Unterwelt zu still,
wer oberhalb erscheinen will,
der baut sich, je nach seiner Weise,
ein präsentables Wohngehäuse.

Er ist ein blinder Architekt,
der selbst nicht weiß, was er bezweckt.
Dennoch verfertigt er genau
sich kunstvoll seinen Lebensbau.

Und sollte mal was dran passieren,
kann er's verputzen und verschmieren.

Ist er etwa gar ein solch
geschicktes Tierlein wie der Molch,
dann ist ihm alles einerlei.
Und wär's ein Bein, er macht es neu.

Nur schade, dass, was so froh begründet,
so traurig mit der Zeit verschwindet.

Materialien und Anhang

Einblick in die Entstehungsgeschichte—186
Zur Intention der Autorin—189
Dank an die Mitautoren—190
Liste der Mitautoren—192

Gemeinsein und frei
Hinweis zum Urheberrecht—193

Wer schreibt, bleibt.
Zitatnachweis; Porträts, Kurzbiografien—194
Das Ingenieurlied und Dr. Erika Fuchs—216
Fundstellen der Originalgedichte im Netz—217
Mir nichts, dir nichts: Rätselhilfe—218

Auf den Kutter, weg und verbannt?
Luther und Kant—219
Thinktank für den Paragrafenreiter—222

Satire pur und die wahre Natur
Vom Vorwort zum Nachwort—224
Die Polizei in der Karikatur—225
Wahrer der wahren Natur—234
Sonne, Abschied, Sehnsucht—235

Sprichwörter und Redewendungen
Hommage an dem Volk sein listiges Mundwerk—242
Wörterliste I—260
Bildnachweise und Literatur—270
Öffentlichkeitsarbeit (PR)—274
Wörterliste II—275

Danke für den Regenbogen—278
Verlag und Philosophie—280
Aus dem Verlagsprogramm—282
Ausgang—287
Impressum—288

Endlich wieder mal:

ein Buchentwurf in Analog
statt Digital! Ein Dialog ganz pur,
nur Stift, Papier, mit mir.
Wie doll schreibe ich drei Hefte voll.
Bald kann ich in den Kritzeleien
meine kreativsten Wörterschätze,
Nummerierung, lange Sätze,
kaum mehr ahnen, nicht mehr lesen!

Ich schalte den Computer ein.
Mein Ausflug in die alte Schreibkultur
ist zum Glück nur kurz gewesen.

Einblick in die Entstehungsgeschichte

Zur Intention der Autorin

Ich hab das alles nur gedichtet,
weil es sich so schön reimt;
auf jeden Sinn verzichtet,
eine Tasse vollgeschleimt.

Mein Ego wollt ich sonnen,
hab extra früh begonnen;
blieb morgens gleich beim Kaffee sitzen
und hab die Muse wundgeküsst.

Am Mittag kam ich arg ins Schwitzen:
Ich hatte nicht mal ein Gerüst!
Statt den Knoten mir zu lösen,
begann die Muse, wegzudösen!

Am Abend schließlich brannte
des Nachbarn Stall nebst Scheuer,
die ich als Kind schon kannte.

Endlich wurde alles gut.
Endlich hatte ich die Glut
und auch genügend Feuer!

Dank an die Mitautoren

Verehrte liebe Kollegen,

beim Entstauben meiner Bibliothek,
durch gezieltes Stöbern, Suchen,
manchmal auch bei Tee und Kuchen
und auf sonderbarsten Wegen,
beim Autofahren, Lesen, Gehen,
im Boot und auf dem Steg
kam zu mir – Ich liebe sie! –
Eure wunderbare Poesie.

Zum Glück fand ich das Meiste erst,
als ich selbst längst ausgedichtet,
ich hätte sonst aus lauter Scham
mein Manuskript vernichtet.

Daher fällt es mir sehr schwer,
Euch meinen Frevel zu gestehen:
dass mir beim Lesen Eurer Texte
die Lyrikfee das Hirn verhexte.

Ich habe da und dort gekürzt
und mit Neudeutsch nachgewürzt.
Nach bösen Träumen, Magenplagen
fing ich endlich an zu wagen,
manchmal hinten, manchmal vorn,
hin und wieder in der Mitte,
nicht nur hier und da ein Samenkorn,
sondern Wörter, ganze Zeilen
auszutauschen und zuweilen
in modernem Deutsch zu plauschen.

Zum Schluss daher die große Bitte:
dass Ihr mir verzeiht, versteht,
dass es mir nur darum geht,
dass die Leute rätseln, fragen,
dass sie große Augen machen,
leise zu sich selber sagen,
schmunzeln, ja, womöglich lachen:
So ein alter Dichter,
und so viel Wahrheit spricht er!

Ich hoffe jetzt, Ihr seht:
Es war nicht nur Kalkül,
sondern reines Mitgefühl.

Liste der Mitautoren

Otto Julius Bierbaum †1910
Wilhelm Busch †1908
Matthias Claudius †1815
Harun Dolfs †1929
Theodor Fontane †1898
Johann Wolfgang von Goethe †1832
Andreas Gryphius †1664
Heinrich Heine †1856
Franz Hessel †1941
Paul Heyse †1914
Peter Hille †1904
Heinrich Hoffmann †1894
Arno Holz †1929
Klabund †1928
August Kopisch †1853
Karl Kraus †1934
Nikolaus Lenau †1850
Gotthold Ephraim Lessing †1781
Friedrich von Logau †1655
Eduard Mörike †1875
Christian Morgenstern †1914
Erich Mühsam †1934
Michael Richey †1761
Joachim Ringelnatz †1934
Paul Scheerbart †1915
Joseph Victor von Scheffel †1886
August Wilhelm Schlegel †1845
Heinrich Seidel †1906
Theodor Storm †1888
Kurt Tucholsky †1935
Karl Valentin †1948

Gemeinsein und frei
Hinweis zum Urheberrecht

Gemeinfrei heißt:
Siebzig Jahre nach eines Autors Tod
gibt es im Grundsatz kein Verbot:*
Man darf dann alles rückwärts lesen, singen, drucken,
verdrehen, ändern und drauf spucken,
ohne dass der erste Dichter oder gar die Erben
dem zweiten Dichtikus den Spaß daran verderben.

Doch bedenkt, ihr braven Leute
aus dem wunderschönen Heute:
Auch die größten Denker, Dichter
sind als Wörterfinder Kinder ihrer Zeit.
Aus diesem Grund ist's nicht gescheit,
wenn man auf sie und ihre Texte scheißt.

Und, ich will es deutlich sagen:
Über meine Poesie darf man lachen, lästern oder klagen,
doch was ich mit den Alten machte, Neues sowieso,
ist selbst auf einem Klo im Nirgendwo meine Dichterwelt.

Gemein ist mehr als ein Gedicht, frei dafür noch lange nicht.
Auch wenn das Jederfraumann nicht gefällt:
Wer meine Werke nutzen, will, bitte beim Verlag nachfragen.
Nachdruck kostet Geld.

---

*Ausnahmen erspar ich mir, und will auch nicht in Haft dafür! Deshalb bitte selbst nachlesen. Ich bin's ja hier dann nicht gewesen.

Wer schreibt, bleibt.
Zitatnachweis, Porträts, Kurzbiografien

Hier möchte ich genutzte Quellen
in Kürze zur Verfügung stellen.
Die Originale alter Dichter,
soweit ich fand, auch die Gesichter,
Daten, Fakten, Kurzporträts;
auf dass der eckig runde Käs,
den ich in diesem Buch vermixt,
gereift, gesammelt, ach verflixt!,
nicht ohne Zitation vergammelt.

Soweit ich sie denn fand,
gebe ich die originalen
Werke gerne mit bekannt.
Für die Schreibung im Finalen
waren alte Quellen selten zu bestellen,
kaum mehr zu bekommen.

Daher habe ich zumeist
die Seiten von so vielen,
die mit Gedichten spielen,
virtuell bereist; und was da stand,
orthografisch übernommen.
Als erste Quelle an entsprechender Stelle
ist daher oft das Netz genannt.

Auch den bunten Blättern, die satirisch wettern,
über Politik und Polizei,
hab ich mich gewidmet –
die Häppchen sind zum Schluss dabei.

Autor, Kurzbiografie, Porträt*	Originaltitel, Quellennachweis im Netz ⓞ, Seitenzahl im Buch (S.)
 1899 **Bierbaum, Otto Julius** (1865–1910) Deutscher Journalist, Schriftsteller, Dichter, Librettist, Kinderbuchautor. Sein 1903 erschienenes Reisebuch *Eine empfindsame Reise im Automobil* gilt als erstes Autoreisebuch der deutschen Literatur.	*Meinen werten Feinden* ①(S. 35) *Ach so!* ②(S. 122) beide in: *Irrgarten der Liebe*, Leipzig 1911 *Bierbaum über den elitären Literaturkreis um den Dichter Stefan George (1900):* „Feierlich sein ist alles! Sei dumm wie ein Thunfisch, temperamentlos wie eine Qualle, stier besessen wie ein narkotisierter Frosch, aber sei feierlich, und du wirst plötzlich Leute um dich sehen, die vor Bewunderung nicht mehr mäh sagen können."
 **Busch, Heinrich C. Wilhelm** (1832–1908) Einer der einflussreichsten humoristischen Dichter und Zeichner Deutschlands; er war auch als Maler tätig. Erste Buchveröffentlichung seiner Bildergeschichten 1864.	*So war's* ③ (S. 21) *Nörgeln* ③ (S. 25) *Rechthaber* ③ (S. 121) alle in: *Schein und Sein. Nachgelassene Gedichte*, o.O. 1909 (posthum) *Die Selbstkritik hat viel für sich* ③ (S. 36) *Der Hausknecht in dem Weidenbusch* ④ (S. 73) *Wenn alles sitzen bliebe* ③ (S. 80) alle in: *Kritik des Herzens*, Heidelberg 1874

Autor, Kurzbiografie, Porträt*	Originaltitel, Quellennachweis im Netz Ⓞ, Seitenzahl im Buch (S.)
Busch, Forts. Busch war ein ernster und verschlossener Mensch, der viele Jahre zurückgezogen in der Provinz lebte. Seinen humorvollen Geschichten, für die er schon zu Lebzeiten berühmt war, maß er wenig Wert bei. Dass seine eigentlichen künstlerischen Hoffnungen, als ernsthafter Maler und Dichter wahrgenommen zu werden, enttäuscht wurden, sublimierte er mit Humor.	*Die beiden Enten und der Frosch* ⑤ (S. 56) in: *Münchener Bilderbogen Nr. 325*, München um 1890 *Gemartert* ⑤ (S. 65) *Der Kobold* ⑤ (S. 152) *Der innere Architekt* ⑥ (S. 183) alle in: *Zu guter Letzt*, o.O. 1904
Claudius, Matthias (1740–1815) Pseudonym: Asmus; deutscher Dichter und Journalist, bekannt als Lyriker mit volksliedhafter Verskunst. Durch den Tod mehrerer seiner Geschwister begegnete Claudius früh dem Tod (den er „Freund Hain" nannte und dem er seine Bücher widmete); umsomehr liebte er das Leben. Sein Erstlingswerk erschien 1763 und wurde von der Kritik zerrissen.	*Die Henne* ⑦ (S. 66) in: *Asmus omnia sua secum portans*, 8 Teile in 7 Bänden, Breslau und Hamburg 1812 *Wandern:* S. 241

Autor, Kurzbiografie, Porträt*	Originaltitel, Quellennachweis im Netz Ⓞ, Seitenzahl im Buch (S.)
Dolfs, Harun Ein lange Zeit nicht gelüftetes Pseudonym für die beiden Vettern Dr. Ing. Rudolf Skutsch (1871?–1929) und Dr. phil. Hans Gradenwitz (1872?–1932). Ihre Schüttelreime erschienen erstmals 1896; Inhalt und Form deuten auf eine umfassende Literatur- und Geschichtskennis der noch jungen Autoren hin. ⑧	Schüttelreime ⑧ (S. 77), alle drei ohne Titel, in: *Schüttelgedichte*, Berlin 1896

23 Jahre — 41 Jahre — 64 Jahre

| **Fontane, Theodor**
(1819–1898)
Deutscher Schriftsteller, Journalist und Kritiker. Er gilt als bedeutender Vertreter des poetischen Realismus. 1848 erhielt er seine Approbation als „Apotheker erster Klasse"; ein Jahr später gab er den Beruf auf und arbeitete als freier Schriftsteller. Er veröffentlichte zunächst politische Texte, später Reiseliteratur, so auch sein bis heute bekanntestes und umfangreichstes | *Dreihundertmal* ① (S. 111), in: *Gedichte. Lieder und Sprüche*, o.O. 1898 |
| | Werk *Wanderungen durch die Mark Brandenburg*. Die Forschung bewertet Fontane als einen Schriftsteller, der den Zeitgeist (Stichwort: Antisemitismus) literarisch und publizistisch gespiegelt habe, ohne jedoch als engagierter Antisemit in Erscheinung zu treten. |

Autor, Kurzbiografie, Porträt*	Originaltitel, Quellennachweis im Netz ⓞ, Seitenzahl im Buch (S.)
 1828 **von Goethe, Johann Wolfgang** (1749–1832) Deutscher Dichter und Naturforscher; gilt als einer der bedeutsamsten Schöpfer deutschsprachiger Dichtung. Sein Werk umfasst neben Lyrik, Dramen und Epik auch autobiografische, literaturtheoretische und naturwissenschaftliche Schriften sowie einen umfangreichen literarischen Briefwechsel und Zeichnungen. Mehr als 20 Jahre befasste er sich mit dem Thema Farben und veröffentlichte 1810 eine aufwendig gestaltete *Farbenlehre*. Von seiner Jugend bis ins hohe Alter war Goethe vor allem Lyriker. Ein Großteil seiner Lyrik erlangte Weltgeltung und gehört zum lyrischen Kanon deutschsprachiger Literatur. Insgesamt schrieb Goethe mehr als 3000 Gedichte. Im deutschen Kaiserreich wurde er zum deutschen Nationaldichter und Künder des „deutschen Wesens" verklärt.	*Gesellschaft* ⑥ (S. 26) *Spruch, Widerspruch* ⑨ (S. 141) beide in: *Spruchgedichte, Gedichte* (1766-1832) *Wandrers Nachtlied, Über allen Gipfeln* ⑩ (S. 144); erstmals 1815 gedruckt *Wandern*: S. 241 *Über allen Gipfeln* schrieb G. wahrscheinlich am Abend des 6.9.1780 mit Bleistift an die Holzwand der Jagdaufseherhütte auf dem Kickelhahn bei Ilmenau. Ungewiss ist, ob Goethes Inschrift mit dem von ihm veröffentlichten (und hier im Buch wiedergegebenen) Text übereinstimmt; die Schrift an der Bretterwand hat sich nicht erhalten. Auch ob die 1869 fotografierte Handschrift den vollständigen Originaltext wiedergibt, ist nicht bekannt. Im August 1831, ungefähr ein halbes Jahr vor seinem Tod, besuchte Goethe die Stätte noch einmal.  Foto von August Linde (1869) in: *Die Gartenlaube* 1872, Seite 657

Autor, Kurzbiografie, Porträt*	Originaltitel, Quellennachweis im Netz ⓪, Seitenzahl im Buch (S.)
 **Gryphius, Andreas** (1616–1664) Eigentlich: Andreas Greif; gilt vor allem aufgrund seiner Sonette als einer der bedeutendsten Lyriker des deutschen Barocks. Sein Leben war geprägt von dem frühen Verlust der Eltern und den Schrecken des 30-jährigen Kriegs. In seinen Tragödien und Gedichten thematisiert	*An Cajam* ① (S. 25) Entstehung vermutl. in der Zeit von 1632–1664 *Originaltext:* „Glaubt mir Caja. Glaubt, mich schreckt nicht so die Anzahl ewrer Jahre: Als daß ewer jüngster Bruder trägt den Kopf voll grauer Haare."
	er vor allem das Leid und den moralischen Verfall, die Unruhe, Einsamkeit und Zerrissenheit der Menschen.
 1831 **Heine, Christian J. Heinrich** (1797–1856) Heine gilt als einer der bedeutendsten deutschen Dichter,	*Nachtgedanken* ④ (S. 7); 24. Gedicht im Zyklus *Zeitgedichte, Neue Gedichte*, Hamburg 1844 *Die blauen Veilchen der Äugelein Nr. 30; Die Welt ist so schön und der Himmel so blau, Nr. 31* ⑨ (S. 144); beide aus: *Buch der Lieder, Literarisches Intermezzo*, Hamburg 1827 *Es ziehen die brausenden Wellen, Zyklus Seraphine Nr. 13* ④ (S. 141); *Das Fräulein stand am Meere*, entst. 1832, Zyklus Seraphine Nr. 10 ⑩ (S. 72), beide in: *Neue Gedichte*; Hamburg 1844

Autor, Kurzbiografie, Porträt*	Originaltitel, Quellennachweis im Netz ⓞ, Seitenzahl im Buch (S.)
Schriftsteller und Journalisten des 19. Jahrhunderts. Er machte die Alltagssprache lyrikfähig und wurde als kritischer, politisch engagierter Journalist, Essayist und Polemiker gleichermaßen bewundert wie gefürchtet. Heine griff tatsächliche wie vermeintliche Gegner ebenso hart an, wie er angegriffen wurde; er schreckte auch vor Polemik nicht zurück. Im deutschen Bund war er mit Publikationsverbot belegt und verbrachte seine zweite Lebenshälfte im Pariser Exil; die letzten zehn Jahre vor seinem Tod bettlägerig in der sog. „Matratzengruft". Wegen seiner jüdischen Herkunft wurde Heine – selbst nach seinem Übertritt zum Christentum – noch über seinen Tod hinaus angefeindet. Heine selbst bezeichnete sich als „entlaufener Romaniker"; er persiflierte den romantischen (lyrischen) Ton, indem er ihn auch ironisch und politisch nutzte. Zahlreiche deutsche Schriftsteller griffen Heines Werke auf, so z.B. Theodor Fontane oder Kurt Tucholsky. Den deutschsprachigen Journalismus prägt Heines Stil bis heute, insbesondere das Feuilleton. Allerdings beurteilte der damals sehr einflussreiche Schriftsteller Karl Kraus Heines Rolle im Zusammenhang mit dem Feuilletonismus äußerst kritisch. Heine habe die	*Selten habt ihr mich verstanden* ④ (S. 82) in: *Buch der Lieder. Die Heimkehr,* o.O. 1827 „Paris, die schöne Zauberstadt, die dem Jüngling so holdselig lächelt, den Mann so gewaltig begeistert und den Greis so sanft tröstet." (Zitat Heine, s. S. 109) Wandern: S. 240 *Der kranke Heinrich Heine 1851*  „Franzosenkrankheit" eingeschleppt und damit der deutschen Sprache Schaden zugefügt. Im Nationalsozialismus wurde Heines Werk unterdrückt und ab 1940 verboten. Während Heine im Nachkriegsdeutschland (insbesondere in der BRD) sehr ambivalent wahrgenommen und erst im Rahmen der Studentenbewegung von 1968 zunehmend auch als politischer Autor rezipiert wurde, hatte er großen Einfluss in vielen Ländern der Welt. Von Heine geprägte Begriffe gingen in die deutsche Alltagssprache ein, z.B. „Fiasko" oder „Vorschusslorbeeren".

Autor, Kurzbiografie, Porträt*	Originaltitel, Quellennachweis im Netz ⓞ, Seitenzahl im Buch (S.)
	Bekenntnis einer Chansonette ⑥ (S. 64); Erstveröffentlichung unbek.
 vor 1910 **Hessel, Franz** (1880–1941) Deutscher Schriftsteller, Übersetzer (insb. von französischen Klassikern z.B. Marcel Proust) und Lektor; Sein Werk ist v. a. in Folge der Verfemung als jüdischer Schriftsteller durch die Nazis weitgehend in Vergessenheit geraten. Hessel starb 1941 kurz nach Ende seiner Internierung bei *Aix-en-Provence* im südfranzösischen *Sanary-sur-Mer*.	*Tucholsky schrieb in einer Kritik über ihn (1929):* „Zunächst einmal: er ist ein Dichter. So etwas ist eben graden Wegs im Azur gepflückt: [...] Es ist eine Art Mannesschwäche in diesem Mann, etwas fast Weibliches (nicht: Weibisches) – schon in dem reizenden Bändchen *Teigwaren leicht gefärbt* sind Stellen, die fast von einer Frau geschrieben sein könnten – es ist etwas Lebensuntüchtiges, oh, wie soll ich dies Wort hinmalen, damit es nicht nach Bart und Hornbrille schmeckt? Und das weiß Hessel. Und weil er klug ist, macht er aus der Not eine Tugend und spielt, ein wenig kokett, den Lebensuntüchtigen [...]."
 um 1885 **(von) Heyse, Paul Johann Ludwig** (1830–1914)	*Pädagogik* ⑫ (S. 44); Erstveröffentlichung unbek. ohne Titel ⑪ (S. 77) aus: *Persönliches (Gedichte, Sprüche)* in: *Gesammelte Werke, 3 Reihen in 15 Bd., Reihe 1 Bd. 5,* Stuttgart 1924

Autor, Kurzbiografie, Porträt*	Originaltitel, Quellennachweis im Netz ⓞ, Seitenzahl im Buch (S.)
(von) Heyse, Forts. Deutscher Schriftsteller, Dramatiker und Übersetzer; 1910 wurde Heyse als erster deutscher Autor belletristischer Werke mit dem Nobelpreis für Literatur ausgezeichnet; im gleichen Jahr wurde er geadelt, machte aber von diesem Titel nie Gebrauch. Heyse war auch als „Dichterfürst" bekannt; er pflegte Freundschaften mit be-	kannten Autoren, half ihnen (z. B. Fontane und Storm) und fühlte sich auch dem Nachwuchs verpflichtet (z. B. Ringelnatz). Mit Keller und Mörike führte er intensive Korrespondenz. Im Hause Heyse traf sich fast alles, was im literarischen, künstlerischen oder wissenschaftlichen Leben Münchens Rang und Namen hatte.
 **Hille, Peter** (1854–1904) Deutscher spätromantischer, naturalistischer und sozialistischer Dichter, lebte u. a. in Elendsvierteln, war immer wieder mittellos, wurde von der Polizei als angeblicher Sozialdemokrat verfolgt, wechselte häufig die Wohnungen und schlief oft unter freiem Himmel. Erich Mühsam wurde 1901 sein Freund, und Hille avancierte zu einer Kultfigur der Berliner Bohème. 1902 eröffnete er u. a. zusammen mit Mühsam und	*Die Henne zeigt durch Gackern an. Ansichtskarten-Verse* ⑫ (S. 67) in: *Gesammelte Werke in 4 Bd.*, Berlin 1916 „Ich habe keinen Feind als in mir selbst." *(Peter Hille)* O. J. Bierbaum das *Cabaret zum Peter Hille,* in dem er literarisch-musikalische Abende von hohem Anspruch hielt. Im Mai 1904 starb Hille infolge eines Blutsturzes und seines chronischen Lungenleidens im Alter von 49 Jahren.

Autor, Kurzbiografie, Porträt*	Originaltitel, Quellennachweis im Netz ⓪, Seitenzahl im Buch (S.)
 um 1880 **Hoffmann, Heinrich** (1809–1894) Deutscher Psychiater, Lyriker und Kinderbuchautor. 1833 promovierte er zum Dr. med., lehrte von 1844 bis 1851 Anatomie in Frankfurt am Main; 1848 gehörte er dem Frankfurter Vorparlament an. Von 1851 bis zu seiner Pensionierung 1888 war er Direktor der städtischen Nervenheilanstalt in Frankfurt. Seit 1842 veröffentlichte er Gedichte und Theaterstücke unter	*Die Geschichte von den schwarzen Buben* ⑦ (S. 98–101) in: *Der Struwwelpeter oder lustige Geschichten und drollige Bilder für Kinder von 3–6 Jahren*, Frankfurt a. M., Reprint einer Ausgabe um 1890 verschiedenen Pseudonymen. Er bezeichnete sich selbst als „Gelegenheitsversemacher". Den Kinderbuchklassiker *Der Struwwelpeter* schrieb und zeichnete er als Weihnachtsgeschenk für seinen ältesten Sohn 1844 kurzerhand selbst, weil er nirgends ein passendes Bilderbuch für Kinder zu kaufen fand. Auf einer (geänderten) Fassung aus dem Jahr 1858 beruhen alle bis heute erschienenen Struwwelpeter-Ausgaben.
 1916 **Holz, Arno Hermann Oscar A.** (1863–1929)	*Einem Kritiker* ⑫ (S. 141) *Et altera pars!* ⑪ (S. 151) beide in: *Buch der Zeit. Lieder eines Modernen*, Berlin 1892

Autor, Kurzbiografie, Porträt*	Originaltitel, Quellennachweis im Netz ⓞ, Seitenzahl im Buch (S.)
Holz, Forts. Deutscher Dichter und Dramatiker des Naturalismus und Impressionismus. Nachdem Holz das Gymnasium aus finanziellen Gründen abbrechen musste, arbeitete er zunächst als Journalist, dann als freier Schriftsteller; finanzielle Probleme begleiteten sein Leben. 1885 erhielt er für seinen Lyrikband *Buch der Zeit* den Schiller-Preis. Gemeinsam mit dem Schriftsteller Johannes Schlaf entwickelte er die Theorie eines	„konsequenten Naturalismus", der auf exakte Milieuschilderung und Einbezug von Umgangssprache zielte. Zugleich sollte in den Texten jede Subjektivität eliminiert und auf Wissenschaftlichkeit gezielt werden. In seiner Lyrik experimentierte Holz später mit einem reimlosen Stil und gab traditionelle Formregeln auf. In *Revolution der Lyrik* (1899) legte er die neuen Prinzipien auch als Theoriekonzept vor.
 **Klabund** (1890–1928) Eigentlich: Alfred Georg Hermann Henschke; das Pseudonym Klabund wählte er nach den ersten Veröffentlichungen im Jahr 1912; in Anlehnung an P. Hille gab er vor, ein vagabundierender Poet zu sein; später erklärte er den Namen auch im Hinblick auf seinen Gesinnungswandel („Wandlung") im 1. Weltkrieg vom Kriegsbegeisterten	*Philosophie* (S. 63) *Winterschlaf* (S. 68) *Berliner Ballade* (S. 138) *Unglücksfall* (S. 139) alle: ④, in: *Die Harfenjule,* Berlin 1927
	zum Kriegsgegner. Eingezogen wurde er nicht, da seine Lungen stark von Tuberkulose befallen waren. Klabund beschäftigte sich auch mit fernöstlicher Literatur; z. B. übersetzte er Gedichte aus dem Persischen ins Deutsche. Er starb mit nur 37 Jahren an den Folgen einer Lungenentzündung.

Autor, Kurzbiografie, Porträt*	Originaltitel, Quellennachweis im Netz ⓪, Seitenzahl im Buch (S.)

 um 1829
Kopisch, August
(1799–1853)
Deutscher Maler, Dichter, Entdecker, Erfinder; geboren als Sohn eines wohlhabenden Kaufmanns studierte er u. a. an verschiedenen Kunstakademien in Dresden, Prag und Wien. Nach einem Schlittschuhunfall blieb seine rechte Hand steif. Er gab die Malerei auf und widmete sich der Literatur. Während eines längeren Italienaufenthaltes begann er wieder zu malen; 1829 kehrte er in seine Heimat zurück; 1840 wurde er in Berlin in den Königlichen Kunstbeirat bestellt und erhielt 1844 den Professorentitel. Er übersetzte u. a. Dantes *Göttliche Komödie* ins Deutsche und ließ sich einen tragbaren Ofen zum Erwärmen kleiner Räume patentieren. Bekannt geworden ist vor allem seine Gedichtfassung der *Heinzelmännchen,* mit der er die ursprünglich rheinländische Sage aus dem Siebengebirge nach Köln transportierte.
	Das verbotene Fluchen ⑥ (S. 21)
	Dummheit ⑬ (S. 25)
	beide in: *Gesammelte Werke, 1. Bd.,* Berlin 1856
	
	Die Heinzelmännchen ④
	Wie war zu Cölln es doch vordem,
	Mit Heinzelmännchen so bequem!
	Denn, war man faul: Man legte sich
	Hin auf die Bank und pflegte sich:
	Da kamen bei Nacht,
	Ehe man's gedacht,
	Die Männlein und schwärmten
	Und klappten und lärmten
	Und rupften
	Und zupften
	Und hüpften und trabten
	Und putzten und schabten
	Und eh ein Faulpelz noch erwacht,
	War all sein Tagewerk bereits gemacht!
	    A. Kopisch: Gedichte , Berlin 1836
	    – gekürzter Auszug–

Autor, Kurzbiografie, Porträt*	Originaltitel, Quellennachweis im Netz ⓞ, Seitenzahl im Buch (S.)
**Kraus, Karl** (1874–1936) Publizist, Satiriker, Lyriker, Aphoristiker, Dramatiker und einer der bedeutendsten österreichischen Schriftsteller des beginnenden 20. Jahrhunderts; Kraus war auch Sprach- und Kulturkritiker und prangerte vor allem den zeitgenössischen Hetzjournalismus an. 1897 veröffentlichte Kraus seinen ersten großen Publikumserfolg, eine satirische Abrechnung mit der Kaffeehauskultur der Wiener Moderne, und zog sich die bittere Feindschaft der bloßgestellten Literaten zu. Kraus' Feldzug gegen die Presse zieht sich durch sein gesamtes Lebenswerk, was sich schon an den Begriffen zeigt, die er verwendete: *Journaille, Tintenstrolche, Fanghunde der öffentlichen Meinung, Pressmafia, Pressköter;* seine Vorwürfe konnte er auch mit Tatsachen begründen, z.B. wies er nach, dass sich große Wirtschaftsunternehmen das Wohlverhalten der Presse erkauften.	*Gerüchte* ⑨ (S. 64) aus: *Worte in Versen Bd. II*, Wien/Leipzig 1924 Kraus war überzeugt, dass die Sprache der wichtigste Indikator für die Missstände in der Welt sei. In dem nachlässigen Umgang seiner Zeitgenossen mit der Sprache sah er ein Zeichen für den nachlässigen Umgang mit der Welt. Er warf den Menschen vor, Sprache als Mittel zu sehen, das man zu beherrschen glaube, anstatt sie als Zweck zu sehen und ihr zu dienen. Für K. war das geschriebene Wort die Verkörperung der Gedanken und nicht bloß eine Hülle für vorgefertigte Meinungen. Karl Kraus war jüdischer Herkunft, ließ sich katholisch taufen und trat später wieder aus der Kirche aus; seine Einstellung zum Judentum war ambivalent. Die Nationalsozialisten setzten Kraus' Werk auf die Liste unerwünschten Schrifttums. Dass Kraus sich keiner Ideologie, Schublade oder Partei unterordnete, sondern fast jedem auf die Zehen trat, hat seine Popularität schon zu Lebzeiten begrenzt. Hinzu kommt, dass er selbst als Ankläger, Richter und Henker in einer Person fungierte, als „Exekutivorgan einer kulturellen Sittenpolizei" gegen ihm missliebige Dichterkollegen vorging und sie „erledigte".

Autor, Kurzbiografie, Porträt*	Originaltitel, Quellennachweis im Netz Ⓞ, Seitenzahl im Buch (S.)
 **Lenau, Nikolaus** (1802–1850) Eigentlich: Nikolaus Niembsch; größter lyrischer Dichter Österreichs im 19. Jahrundert; ein	*Ein offener Wald* ⑫ (S. 69) entstanden 1815, in: *Sämtliche Werke*, Stuttgart und Leipzig, um 1902
	spätromantischer Schriftsteller, der den typischen „Weltschmerz" vertrat. Zur deutschen Dichtung trägt Lenau einen melancholischen Ton bei; zahlreiche seiner Dichtungen wurden vertont. In Folge eines Schlaganfalls im Jahr 1844 verfiel er zunehmend in geistige Umnachtung und starb sechs Jahre später in einer Pflegeeinrichtung.
 **Lessing, Gotthold Ephraim** (1729–1781) Bedeutender Dichter der deutschen Aufklärung; ein vielseitig interessierter Poet, Denker und Kritiker. Als führender Vertreter der Aufklärung wurde Lessing zum Vordenker für das neue Selbstbewusstsein des Bürgertums. Seine theoretischen und kritischen	*Antwort eines trunknen Dichters* ⑭ (S. 46); entstanden in der Zeit von 1729–1781
	Schriften zeichnen sich oft durch einen witzig-ironischen Stil und eine treffsichere Polemik aus. Lessing mochte es, eine Sache stets von mehreren Seiten zu betrachten und in den Argumenten seines Gegenübers nach Spuren der Wahrheit zu suchen; Wahrheit war für ihn nichts Festes, sondern ein Prozess der Annäherung.

Autor, Kurzbiografie, Porträt*	Originaltitel, Quellennachweis im Netz Ⓞ, Seitenzahl im Buch (S.)
 **von Logau, Friedrich** (1605–1655) Pseudonym: Salomon von Golaw (nach dem Sittenrichter des Alten Testaments); deutscher Dichter und Epigrammist des Barock.	*Spruchgedicht* ⑥ (S. 151) in: *Salomons von Golaw deutscher Sinn-Getichte drei Tausend*, Breslau 1654 *Originaltext:* „Für Zeiten stunden Junge den Alten höflich auff; Ietzt heist es: Junger, sitze! und: alter Greiner, lauff!"
	Logau verfasste weit mehr als 3000 Sinngedichte, in denen er Untugenden tadelte wie Heuchelei und Habsucht, aber auch den lässigen Umgang mit der Sprache.
  20 Jahre 47 Jahre **Mörike, Eduard** (1804–1875) Deutscher Lyriker, Erzähler und Übersetzer und (im Brotberuf) evangelischer Pfarrer. Im Kirchendienst fühlte sich Mörike zeitlebens nicht wohl, wagte es aber auch nicht, sich als freier Schriftsteller durchzuschlagen. Aus	*Nach der Lektüre eines Manuskripts mit Gedichten* ⑪ (S. 145) in: *Gedichte. Ausgabe letzter Hand*, o.O. 1867
	gesundheitlichen Gründen beantragte er bereits 1839 die Versetzung in den Ruhestand. Schon zu Lebzeiten wurde Mörike als bedeutendster deutscher Lyriker nach Goethe bezeichnet; lange Zeit wurde seine literarische Bedeutung aber nicht erkannt.

Autor, Kurzbiografie, Porträt*	Originaltitel, Quellennachweis im Netz ⓞ, Seitenzahl im Buch (S.)
 **Morgenstern, Christian Otto** (1871–1914) Deutscher Dichter, Schriftsteller und Übersetzer; bekannt vor allem durch seine humorvolle Lyrik. Obwohl diese Gedichte nur einen Teil seines Werks ausmachten, stieß seine ernste Dichtung auf wenig Resonanz.	*Das ästhetische Wiesel* ⑦ (S. 39) *Der Lattenzaun* ⑨ (S. 58) beide in: *Galgenlieder*, o.O. 1905 *Wandern:* S. 240 Nur ungefähr die Hälfte seiner Arbeiten wurden zu Lebzeiten veröffentlicht. Seine Humoresken bezeichnete er selbst als „Spiel- und Ernst-Zeug". Zum geflügelten Wort wurde der Schluss des Gedichts *Die unmögliche Tatsache*: Und er kommt zu dem Ergebnis: Nur ein Traum war das Erlebnis. Weil, so schließt er messerscharf, nicht sein kann, was nicht sein darf. *entstanden 1909* ①
 **Mühsam, Erich** (1878–1934) Anarchistischer deutscher Schriftsteller, Publizist und Antimilitarist. Er war 1919 als Aktivist an der Ausrufung der Münchner Räterepublik beteiligt und wurde	*Dämmerung* ⑪ (S. 47) *Disput* ⑪ (S. 87) in: *Lyrik und Prosa. Sammlung 1898–1928, Erster Teil: Verse (Weltschmerz und Liebe; Beschauliche Weisheit)*, s.d. dafür zu 15 Jahren Festungshaft verurteilt. Mitte der 1920er-Jahre engagierte er sich in der „Anarchistischen Vereinigung"; 1934 wurde er von den Nazis im KZ Oranienburg ermordet.

Autor, Kurzbiografie, Porträt*	Originaltitel, Quellennachweis im Netz Ⓞ, Seitenzahl im Buch (S.)
 **Richey, Michael** (1678–1761) Gelehrter und Dichter; studierte Theologie, Naturlehre, Mathematik und Geschichte; 1699 wurde er Magister in Philosophie. Seit 1712 war er als Gelehrter in Hamburg tätig. 1717 wurde er dort zum Professor für Griechisch und Geschichte am Akademischen Gymnasium gewählt; das Amt behielt er bis zum Tode. Richey war Mitglied der Patriotischen Gesellschaft („Patriot sei ein Mensch, dem es um das Beste seines Vaterlandes ein rechter Ernst ist.") Besondere Verdienste erwarb er sich durch seine Studien über den Hamburger Dialekt.	*Auf die neuesten Regeln der Politik* Ⓞ (S. 151) *Originaltext:* „Verlache, voller Witz, die Einfalt frommer Alten; Versprich im Ueberfluß, und denke nichts zu halten; Erspare keinen Schwur; sey iedermann bereit; Und trage stets den Mund voll Dienstbeflissenheit: Doch, wenn man deiner braucht, so zeuch den Fuß zurücke; Verändre, nach der Kunst, die sonst gefällgen Blicke; Und sage nein, doch so, daß man dir danken muss: So bist du rechter Art, ein Erz-Politikus." in: Ignaz Hub (Hg), *Die deutsche komische und humoristische Dichtung seit Beginn des XVI. Jahrhunderts,* Bd. 3, Nürnberg 1866; zit. nach: Steffen Jacobs (Hg), *Die komischen Deutschen,* Frankfurt am Main 2004, S. 338

Autor, Kurzbiografie, Porträt*	Originaltitel, Quellennachweis im Netz Ⓞ, Seitenzahl im Buch (S.)
 um 1930	*Lampe und Spiegel* ⑭ (S. 24) Entstehung: München 1924 |//

Ringelnatz, Joachim
(1883–1934)
Eigentlich: Hans Gustav Bötticher; deutscher Schriftsteller, Kabarettist und Maler. Zeitlebens neigte Ringelnatz zu kindlichen Streichen und mochte lange keinen geregelten Alltag. Schon in der Schulzeit litt er unter seinen Lehrern („respektfordernde Dunkelmenschen") und den Hänseleien der Mitschüler, die ihn wegen seines seltsamen Aussehens (mädchenhafte Frisur, ungewöhnlich lange Vogelnase, vordrängendes Kinn, kleine Statur) verspotteten. Er flüchtete sich in Trotz, Rüpeleien und einsames Zeichnen und Schreiben. Auch später führte Ringelnatz viele Schwierigkeiten auf sein ungewöhnliches Aussehen zurück: „Ich bin überzeugt, dass mein Gesicht mein Schicksal bestimmt. Hätte ich ein anderes Gesicht, wäre mein Leben ganz anders, jedenfalls ruhiger verlaufen."

1910 veröffentlichte er seine ersten Bücher; zwei Werke für Kinder und einen Gedichtband. 1914 meldete er sich freiwillig zur Marine; seine anfängliche Kriegsbegeisterung ließ jedoch rasch nach. Nach dem Krieg verfasste er die ersten Gedichte unter dem Pseudonym Joachim Ringelnatz (1919). Ab 1920 war er als reisender Vortragskünstler im gesamten deutschsprachigen Raum unterwegs und wurde sehr bekannt. Außerdem widmete er sich intensiv der Malerei (Aquarell- und Deckfarben), hatte Ausstellungen im In- und Ausland. 1933 erhielt Ringelnatz von den Nationalsozialisten Auftrittsverbot. Die meisten seiner Bücher wurden beschlagnahmt oder verbrannt. Da er keine Einnahmen mehr hatte, verarmten Ringelnatz und seine Frau; erste Symptome der Tuberkulose traten auf, an der er dann letztlich starb.

Autor, Kurzbiografie, Porträt*	Originaltitel, Quellennachweis im Netz ⓞ, Seitenzahl im Buch (S.)
 **Scheerbart, Paul Carl Wilhelm** (1863–1915) Pseudonyme: Bruno/Kuno Küfer; deutscher Schriftsteller und Zeichner; Scheerbart studierte Philosophie und Kunstgeschichte, lebte ab 1887 in Berlin und gründete 1892	*Abschiedslied* (S. 45) *Die Galle. Ein Tafelgedicht* (S. 157) beide ⑨; *Manches Gedicht* ⑫ (S. 141) alle in: *Gedichte. Katerpoesie und die Mopsiade,* Berlin 1920 den „Verlag deutscher Phantasten". Zeitlebens war Scheerbart in finanziellen Schwierigkeiten; seine Veröffentlichungen (Roman 1902, skurrile Gedichte 1909) erhielten zwar Anerkennung in literarischen Kreisen, aber kaum nennenswerte Verkaufszahlen.
 **von Scheffel, Joseph Victor** (1826–1886) Im 19. Jahrhundert viel gelesener deutscher Schriftsteller und Dichter. Auf Wunsch seines Vaters studierte er Rechtswissenschaften und wurde 1849 zum Doktor der Rechte promoviert; später gab er	*Der Ichthyosaurus* ⑭ (S. 148) in: *Gaudeamus, Lieder aus dem Engeren und Weiteren,* Erweiterte Ausgabe letzter Hand, Stuttgart 1886 die juristische Laufbahn auf. Die finanziellen Verhältnisse der Familie erlaubten es ihm, seinen künstlerischen Neigungen nachzugehen. Er probierte sich als Landschaftsmaler aus, entschied sich dann jedoch für die Dichtkunst. An seinem 50. Geburtstag wurde er in den Adelsstand erhoben. Während der letzten Jahre seines Lebens litt Scheffel an einer Gehirnerkrankung, die ihn zunehmend behinderte, und er zog sich aus dem öffentlichen Leben zurück.

Autor, Kurzbiografie, Porträt*	Originaltitel, Quellennachweis im Netz ⓪, Seitenzahl im Buch (S.)
 **Schlegel, August Wilhelm** (1767–1845) Deutscher Literaturhistoriker und -kritiker, Übersetzer, Alt-Philologe und Indologe. Er lehrte u.a. an Universitäten in Berlin und Jena und prägte die neue „romantische Schule". Außerdem übersetzte er zahlreiche Stücke von Shakespeare ins Deutsche. 1818 wurde er Inhaber des ersten Lehrstuhls für Indologie in Deutschland. Schlegel gilt als der wichtigste Sprachphilosoph der deutschen Frühromantik.	*Wechsel der Dynastie in der Philosophenschule* (S. 117) *Missdeutung* (S. 118) beide ⑦ und in: *Poetische Werke, 3. Ausgabe, 2. Theil, 4.-7. Buch*, Leipzig 1846
 um 1890 **Seidel, Heinrich Wilhelm Karl** (1842–1906) Deutscher Ingenieur und Schriftsteller; er studierte Maschinenbau und konstruierte Bahnanlagen und die damals in Europa einmalige Dachkonstruktion des Berliner Anhalter Bahnhofs. Der berühmte Spruch „Dem Ingenieur ist nichts zu schwer" war nicht nur sein Motto, sondern auch die erste Zeile seines Gedichts „Ingenieurlied" ⑥ (S. 216). 1880 gab er sein Doppelleben auf und widmete sich nur noch der Schriftstellerei. Sein großes Hobby war es, von seinen Reisen fremde Samen mitzubringen und auszusäen. Einige davon gehören heute zum natürlichen Bestand der Berliner Fauna.	*Das Buch aus der Leihbibliothek* ⑭ (S. 26) in: *Glockenspiel, Bd. VII der Gesammelten Schriften von Heinrich Seidel, V. Humor, Burleske und Satire*, Leipzig 1897

Autor, Kurzbiografie, Porträt*	Originaltitel, Quellennachweis im Netz Ⓞ, Seitenzahl im Buch (S.)
 **Storm, Theodor Woldsen** (1817–1888) Deutscher Schriftsteller, der mit seiner Lyrik und Prosa zu den bedeutendsten Vertretern des bürgerlichen Realismus gehört. Storm ist vor allem für seine Novellen bekannt (z.B. „Der Schimmelreiter"),	*Aus der Marsch* ⑨ (S. 47) in: *Gedichte. Buch I und II,* 1885
	empfand sich allerdings in erster Linie als Lyriker und sah die Gedichte als Ursprung seiner Erzählungen. In etlichen Geschichten verarbeitete er unheimliche Elemente des Volks- und Aberglaubens. In seinem Spätwerk widmete er sich zunehmend der Lebenswirklichkeit der „kleinen Leute". Im Brotberuf war Storm Jurist und arbeitete unter anderem als Rechtsanwalt und Richter.
 **Tucholsky, Kurt** (1890–1935) Deutscher Journalist und Schriftsteller; schrieb auch unter diversen Pseudonymen. Tucholsky zählte zu den bedeutendsten Publizisten der Weimarer Republik; er war ein Gesell-	*Die Seriösen* ⑨ (S. 33) in: *Gedichte und Lieder, Gesammelte Schriften,* o.O. 1907-1935 *Luftveränderung* ⑮ (S. 35), unter dem Pseudonym Theobald Tiger, o.O. 1924 *Junge Autoren* ⑮ (S. 37), unter dem Pseudonym Theobald Tiger, o.O. 1929

Autor, Kurzbiografie, Porträt*	Originaltitel, Quellennachweis im Netz ⓞ, Seitenzahl im Buch (S.)
Tucholsky, Forts. schaftskritiker in der Tradition Heinrich Heines. Er arbeitete als Satiriker, Kabarettautor, Liedtexter, Lyriker, Romanautor und Kritiker, verstand sich als linker Demokrat, Sozialist, Pazifist und Antimilitarist. Tucholsky wuchs in gesicherten finanziellen Verhältnissen auf und begann 1909 ein Jurastudium. Da er gegen Ende des Studiums schon stark journalistisch engagiert war, verzichtete er auf die erste juristische Staatsprüfing, promovierte jedoch 1915 als Dr. jur. 1912 veröffentlichte er eine Erzählung *(Rheinsberg. Ein Bilderbuch für Verliebte)*, und um den Absatz zu steigern, eröffnete er zusammen mit dem Illustrator der Erzählung auf dem Berliner Kurfürstendamm eine „Bücherbar": Jeder Käufer eines Buches bekam gratis einen Schnaps dazu.	Tucholskys journalistische Karriere wurde durch den 1. Weltkrieg unterbrochen; von der Begeisterung vieler seiner schreibenden Kollegen ließ er sich nicht anstecken. Tucholsky warnte vor der Erstarkung der politischen Rechten und vor der Bedrohung durch den Nationalsozialismus und prangerte die vielen politischen Morde in der Weimarer Republik an. Sein Engagement für ein Propagandablatt in der Zwischenkriegszeit, das anti-polnische Stimmung machen sollte, bereute er später. Tucholsky war nicht nur Publizist, sondern betätigte sich auch direkt politisch. Gegen Ende der 1920er-Jahre sah er sich publizistisch stark eingeschränkt und zog nach Schweden. Seit 1931 verstummte Tucholsky publizistisch zusehends.
Valentin, Karl (1882–1948)	*Die vier Jahreszeiten. Blödsinniger Gesang*, aus dem Album *Charlie Chaplin of Germany 1928-1947, Vol. 2* ⑯ (S. 68)
Bürgerlicher Name: Valentin Ludwig Fey; deutscher Komiker, Volkssänger, Autor und Filmproduzent. Der Humor seiner Sketche und Stücke beruhte insbesondere auf seiner Sprachkunst und seinem „Sprach-Anarchismus". Ein Kritiker lobte ihn als Wortzerklauberer. Nach dem zweiten Weltkrieg	wurde es still um Valentin. Der Erfolg der Vorkriegszeit wollte sich nicht mehr einstellen. Valentin starb unterernährt an einer Lungenentzündung, die er sich in einem eiskalten Theater holte, in das man ihn aus Versehen eine Nacht lang eingesperrt hatte.

Ingenieurlied (1871)

Dem Ingenieur ist nichts zu schwere –
Er lacht und spricht: „Wenn dieses nicht, so geht doch das!"
Er überbrückt die Flüsse und die Meere,
Die Berge unverfroren zu durchbohren ist ihm Spass.
Er thürmt die Bogen in die Luft,
Er wühlt als Maulwurf in der Gruft,
Kein Hinderniss ist ihm zu gross –
Er geht drauf los!

Den Riesen macht er sich zum Knechte,
Dess' wilder Muth, durch Feuergluth aus Wasserfluth befreit,
Zum Segen wird dem menschlichen Geschlechte –
Und ruhlos schafft mit Riesenkraft am Werk der neuen Zeit.
Er fängt den Blitz und schickt ihn fort
Mit schnellem Wort von Ort zu Ort,
Von Pol zu Pol im Augenblick
Am Eisenstrick!

Was heut sich regt mit hunderttausend Rädern,
In Lüften schwebt, in Grüften gräbt und stampft und dampft und glüht,
Was sich bewegt mit Riemen und mit Federn,
Und Lasten hebt, ohn' Rasten webt und locht und pocht und sprüht,
Was durch die Länder donnernd saust
Und durch die fernen Meere braust,
Das Alles schafft und noch viel mehr
Der Ingenieur!

Die Ingenieure sollen leben!
In ihnen kreist der wahre Geist der allerneusten Zeit!
Dem Fortschritt ist ihr Herz ergeben,
Dem Frieden ist hienieden ihre Kraft und Zeit geweiht!
Der Arbeit Segen fort und fort,
Ihn breitet aus von Ort zu Ort,
Von Land zu Land, von Meer zu Meer –
Der Ingenieur!

Heinrich Seidel

Erika Fuchs war ab 1951 Chefredakteurin der neu gegründeten deutschen *Micky Maus* und wurde durch ihre Übersetzungen der Disney-Comics bekannt. Anders als die englischen Vorlagen, enthielten ihre Übersetzungen zahlreiche versteckte Zitate und literarische Anspielungen, so auch die berühmte Abwandlung aus Seidels Ingenieurlied, die sie *Daniel Düsentrieb* in den Mund legte. Fuchs konstatierte, man könne als Übersetzerin von Comics gar nicht gebildet genug sein. Die von ihr kreierten verkürzten Verben (z.B. *knatter, stöhn, grübel*) zur visuellen Darstellung nicht visueller Vorgänge werden ihr zu Ehren auch als *Erikativ* bezeichnet.

Gedenkplakette am ehemaligen Wohnhaus von Erika Fuchs in Schwarzenbach

Fundstellen der Originalgedichte im Netz

*Alle Angaben zu den Biografien und zu den Kurzporträts sind, soweit nicht anders bezeichnet, aus: wikipedia.de zusammengestellt. (www.wikipedia.de + jeweiliger Autorname; letzter Abruf aller Seiten am 22.9.2020)

0. zur Zeit der Abfrage keine Quelle im Netz
1. https://www.abipur.de/gedichte/analyse + *Titel des Gedichts*
2. https://www.zgedichte.de/gedichte/otto-julius-bierbaum/ach-so.html
3. http://www.wilhelm-busch-seiten.de/gedichte + *Titel*
4. https://de.wikisource.org/wiki + *Titel*
5. https://www.projekt-gutenberg.org/ + *Name des Autors und/oder Titel*
6. https://gedichte.xbib.de *Autor* + *Titel*
7. https://www.zgedichte.de/gedichte *Autor* + *Titel*
8. http://www.schuettelreis.de/dolfs.html#Dolfs
9. https://www.textlog.de *Autor* + *Titel*
10. https://de.wikipedia.org/wiki + Titel
11. http://www.zeno.org/Literatur/ *Autor* + *Titel*
12. https://gutezitate.com *Autor* + *Titel*
13. https://www.gedichte-fuer-alle-faelle.de/allegedichte + *Titel*
14. https://www.mumag.de/gedichte/ *Autor* + *Titel*
15. https://tucholsky.de + *Titel*
16. https://www.youtube.com/watch?v=D4_03hji_pQ *(Originalmitschnitt)*

Mir nichts, dir nichts: Rätselhilfe

Requiem I—21
Donnerkeil!—21
Der Spiegel und die Lampe—24
An Cajam—25
Nörgeln—25
Es lebe die Dummheit!—25
Das Buch aus der Leihbibliothek—26
Gesellschaft—26
Die Seriösen—33
Liebe Feinde!—35
Luftveränderung—35
Hausgemacht—36
Junge Autoren—37
Das ästhetische Wiesel—39
Pädagogik—44
Abschiedslied—45
Immer Dichter—46
Heimweg—46
Dumme Kuh!—47
Herbert und die Enten—56
Willis Lattenzaun—58
Philosophie—63
Gerüchteküche—64
Bekenntnis einer jungen Sängerin—64
Blanke Folter!—65
Gackerei—66
Kack-Ei—67
Dichtergelichter—68
Wir sind so bunt: Poesie im Jahresrund—68
Was stört's die Eiche—69
Mehr!—72
Innere Größe—73
Emanzipation II—77
Gerührt und geschüttelt I—77
Gerührt und geschüttelt II—77
Gerührt und geschüttelt III—77
Klebstoff—80
Güllegrube—82
Disput—87
That's it—94
Die Geschichte von den schwarzen Buben—99
Der Mohr kann gehen—107
Dreihundertmal—111
Wechsel der Dynastie in der Philosophenschule—117
Hohe Politik—118
Rechthaber—121
Ach so!—122
Die Poesie des Strafrechts—127
Folgen der Gesetze—135
Streik in allen Gassen!—136
Tipp—137
Berliner Ballade—138
Unglücksfall—138
Ohne jeden Sinngewinn!—141
Kritikjüsse—141
Nr. 97—144
Nr. 98—144
Nach der Lektüre eines Manuskripts mit Gedichten—145
Der Dinosaurier wird immer trauriger—148
Die neuesten Regeln in der Politik!—151
Et altera pars—151
O tempora, o mores!—151
Der Kobold—152
Letzte Tischrede—157
Der innere Architekt—183

Auf den Kutter, weg und verbannt?
Luther und Kant

Was sind sie nun? Große Denker? Wahrheitsverrenker?
Soll man sie vom Sockel werfen, weil sie mit Rassismus nerven?
Tun sie das überhaupt? Wer meint, wer weiß, wer glaubt?
Wer sehen wollte und nicht in der Betroffenheitsecke grollte:
Es gab und gibt Studien, Untersuchungen, Differenziertes;
lange schon, gebührlich ausführlich, wissenschaftlich, schön!
WAS? Das hieße ja: lesen, denken, möglicherweise Kompliziertes!
Aufhörn mit Beleidigtsein und Verbalgedröhn?
Statt mit Farbe zu werfen, den Verstand zu schärfen?

EILIGE BRAUCHEN HEILIGE LIEBEN EILIGE

- Feuereifer, friedfertig
- Lästermaul, lichterloh
- Machtwort
- Nächstenliebe
- Sündenbock
- aus seinem Herzen keine Mördergrube machen
- seine Hände in Unschuld waschen
- Perlen vor die Säue werfen
- sein Licht unter den Scheffel stellen

Kleine Auswahl an Wörtern, die es ohne Martin Luther nicht gäbe ...

Immanuel Kant, Senf zubereitend. Liebevoll-ironische Zeichnung aus dem Jahr 1801 (Friedrich Hagemann)

„man mus nicht die buchstaben inn der lateinischen sprachen fragen, wie man sol Deutsch reden, wie diese esel thun, sondern, man mus die mutter jhm hause, die kinder auff der gassen, den gemeinen man auff dem marckt drumb fragen, und den selbigen auff das maul sehen, wie sie reden, und darnach dolmetzschen, so verstehen sie es den und mercken, das man Deutsch mit jn redet."

Martin Luther legte im sog. Sendbrief vom Dolmetschen im Jahr 1530 die Prinzipien seiner Bibelübersetzung dar und verteidigte sie. Der Brief enthielt u. a. die nebenstehende Erklärung, aus der das Sprichwort „Dem Volk aufs Maul schauen" entstand.

Lutherzimmer auf der Wartburg in Eisenach

Thinktank für den Paragrafenreiter

Nirgends in der Welt,
auch wenn's mir nicht gefällt,
ist der große Dichter
dieser Paragrafenlichter
noch präsent. Wer ihn kennt?
Das hab ich oft genug gefragt,
das Vergessen kaum geglaubt,
und mir dann erlaubt,
bevor das schöne Werk verstaubt:
Lieber Herr M-Punkt Reymond,
ein ganz Gescheiter
führt nun sehr gekonnt
Ihre Dichtung weiter:
Gruß vom Paragrafenreiter.

Unkenntniß des
  Gesetzes schützt
Vor Strafe nicht;
Der trockne Codex
    wenig nützt:
Man liest ihn nicht.
Drum hab' ich fein
     ihn zugespitzt
Zum Lehrgedicht:
Wer so ihn einmal
    durchgeschwitzt,
Vergißt ihn nicht.
       M. Reymond (1882)

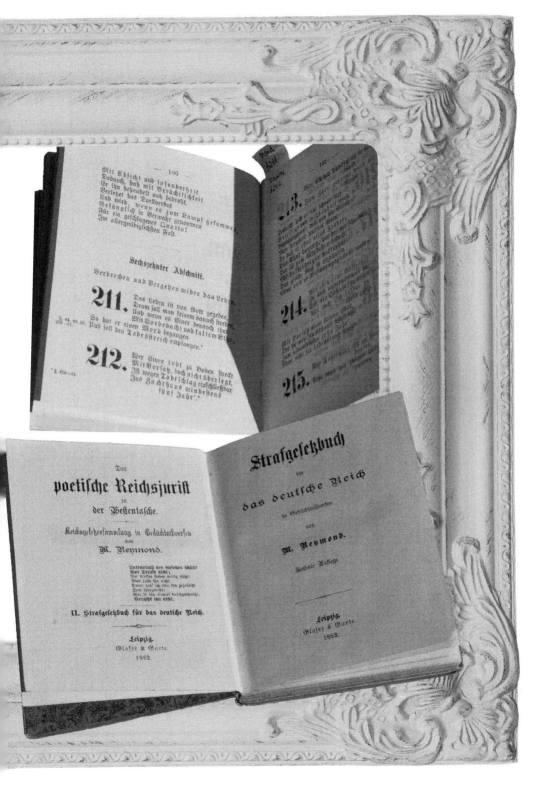

Satire pur und die wahre Natur
Vom Vorwort zum Nachwort

In meinen herrlich überquellenden Bücherregalen
stapeln sich allerhand Schöngeist und Fachliteratur.
Und irgendwo – Wo steckt es nur? –,
gibt es dieses Bändchen mit einem stockfleckig fahlen
Pappumschlag. Rote Schrift wie Gift: Die Polizei
in der Karikatur. Satire pur!

Ich müsste lügen, verhehlte ich das Vergnügen
beim Lesen: Anno 1926! Mir dünkt es hier und da,
womöglich sei das gestern gewesen? Altes Fett
riecht rasch ranzig, doch das hier mundet
nach fast hundert Jahren, wirklich wahr,
köstlich gerundet, zeitlos zuweilen, wunderbar!

Es war nicht geplant, doch ich kam nicht umhin,
musste lachen, mich auf die Suche machen:
Ihre Bild- und Wortzitate, Herr Hellwag, Fritz,
sind mehr als ein Witz, und mir schwant:
Nicht alle Köstlichkeiten sind schon zum Abdruck frei,
einerlei! Auch der Rest ist ein Bilderwörter-Fest!

Kunst und Literatur sind die Kinder ihrer Zeit,
und so habe ich auch hier modelliert und poliert,
in der Hoffnung, Geschichte in der Gegenwart
zwischen den Zeilen zu zeigen, bewahrt.
Doch was Sie, Herr Hellwag, drumherum so schreiben,
sollte wortwörtlich in Erinnerung bleiben:

Die Polizei in der Karikatur[*]

Aus dem Vorwort (S. 5)

„Zu einer Sammlung hochpolitischer Karikaturen, die ausschließlich ihn selbst betreffen, hat der ehemalige holländische Ministerpräsident Abraham Kuyper[**] die Einführung selbst geschrieben. Er sagt: ‚Ich habe aus der Karikatur nicht nur genossen, sondern auch gelernt; natürlich übertreibt sie, aber gerade dadurch entdeckt sie uns manchmal etwas in unserem Tun und Lassen, was wir selbst gar nicht beobachtet haben. Eine streng parteiische Karikatur, wie sie stets auf mich gemünzt wurde, hat aber für den Angegriffenen noch den anderen großen Nutzen, daß er erfährt, wie man über ihn denkt […] sie verrät, was im Kriegsrat seiner Gegner verhandelt worden ist.'

Wenn etwas geeignet wäre, dafür zu zeugen, daß im Wandel der Zeiten ein solcher demokratischer Geist auch in unsere preußischen Spitzenbehörden seinen Einzug gehalten hat, so müßte es der mir […] erteilte Auftrag sein, eine Geschichte der Polizei in der Karikatur zu schreiben. […]"

Aus der Einleitung (S. 7, 9)

„Der Zerrspiegel künstlerischer Satire ist ein merkwürdiges Instrument. Er durchstrahlt Menschen und Dinge, als ob ihre meist so schön gefaltete oder geglättete Hülle gar nicht vorhanden wäre, und zieht sorgfältig verborgene Gebrechen ans Tageslicht. Er leuchtet sogar ins Unterbewußtsein, wo in geheimen Winkeln die Absichten unserer Handlungen entspringen, und bringt oft mit prophetischer Phantasie ein Bild noch ungeborener Gedanken zustande. Der Künstler stellt seinen Spiegel mit so deutlicher Abweichung von der natürlichen Blickrichtung ein, daß

---

[*] Die folgenden Bild- und Textzitate sind, soweit nicht anders bezeichnet, entnommen aus: Hellwag, Fritz; Dr. W. Abegg (Hg.): Die Polizei in Einzeldarstellungen, Bd. 12, Die Polizei in der Karikatur, Berlin 1926

[**] Abraham Kuyper (1837–1920) war von 1901 bis 1905 Ministerpräsident der Niederlande.

wir den scheinbar ungeschickten Schützen bemitleiden möchten, – und trifft dennoch meist ins Schwarze. Mag man sich drehen und wenden, wie man will, um die Seite mit den Schönheitsfehlern zu verbergen: in der zurückgestrahlten Karikatur ist sie mit Sicherheit dem Beschauer zugewendet. Und noch eine Zaubereigenschaft hat dieses ärgerliche Instrument! Was dem Bespiegelten selbst so falsch, so läppisch oder so boshaft an den Haaren herbeigezogen dünkt, wird von den unbeteiligten Dritten sehr beifällig als absolute Wahrheit bestätigt! Der satirische Künstler, der sich als berufenen Vertreter dieser ‚Wahrheit' fühlt, hat es also leicht, weil ihm bei der Beurteilung und Darstellung fremder Schwächen die Unterstützung der lieben Nächsten ohne weiteres sicher ist. Will aber der Bespiegelte sich wehren, so geht es ihm erst recht schlecht, denn unter allgemeiner Schadenfreude muß er bald den Rückzug antreten und bekennen, daß es gegen die Karikatur keine andere Waffe gibt, als in das Lachen der Zeitgenossen herzhaft mit einzustimmen, um es zu übertönen. […] Es [hilft] nichts: alle menschlichen Schwächen und Leidenschaften, alle mit ihnen Behafteten, mögen sie nun typische Vertreter des Durchschnitts oder allmächtige Größen gewesen sein, mußten im Laufe der Zeit ‚dran glauben'. […] Die Satire aber verlangt offenes Schußfeld, und je sichtbarer sie mit grotesk schiefer Einstellung auf die wunden Stellen der Gegner zielen kann, um so besser erfüllt sie schon damit ihre aufstörende Bestimmung. Sie schießt also nicht aus dem Hinterhalt, wohl aber mit Pfeilen, die man erst dann, nun aber in allen Farben weithin leuchtend, bemerkt, wenn sie bereits im Zentrum sitzen."

Aus dem ersten Kapitel (S. 10, 11)

„Die deutsche Polizeikarikatur wurde am 9. September des Jahres 1830 in Dresden geboren. In Sachsen regierte damals der Kabinettminister von Einsiedel, der sehr unbeliebt war, weil er die vom König dem Volk mehrfach gegebenen Versprechen einer Verfassung immer wieder brach und den Spieß umdrehte, indem er die Bürger polizeilich stark bedrücken ließ. Als nun beim Thronwechsel das Volk wieder leer ausgehen sollte, wurde die allgemeine Erregung bedrohlicher. […] Die sonst so gemütliche Dresdener Bürgerschaft rottete sich zusammen und wandte sich zuerst gegen ihren nächsten ‚Feind', gegen die am politischen System unschuldige und nur auf Befehl mitwirkende Polizei; sie stürmte das Polizeihaus, im Volksmund längst ‚Bastille' geheißen, und setzte es in Flammen. Beim flackernden Feuerscheine dieses sensationellen Brandes saß ein unbekannt gebliebener Künstler und zeichnete das erste Siegesbulletin ‚*Wie die Dresdner Polizei aus dem Leime geht*', das als lithographischer Farbendruck gewiß reißenden Absatz fand, weil es in seiner besonderen Art ein absolutes Novum darstellte. Augenscheinlich hatte die Stadtpolizei, ihrerseits vollkommen überrascht, wenig Widerstand geleistet, und so genügte dem boshaften Künstler auf seinem Bilde ein kleiner Junge zum Schüren des Feuers unter dem Leimtiegel. […]"

Aus dem Nachwort (S. 122, 123)

„Wir haben die Polizeikarikatur durch ein ganzes Jahrhundert verfolgt und haben gesehen, daß sie sämtliche Register gezogen hat, um ihr Mißvergnügen, ihre Feindschaft, sogar ihr höhnisches Rachegefühl gegen die Polizei zum Ausdruck zu bringen. Sie hat sich mit der Polizei nicht nur in der Form befaßt, wie mit irgendeiner anderen öffentlichen Einrichtung, etwa mit der Post, über die man sich doch auch viel ärgert, oder mit der Eisenbahn, sondern hat in ihr stets den Gegner gesehen, der nicht nur kritisiert, sondern bekämpft werden müsse. Es gibt keinen Fehler, keinen Mißbrauch, den man ihr nicht vorgeworfen hätte […] Sicherlich ist der Polizei mit den Karikaturen, über die wir jetzt lachen, die aber zu ihrer Zeit scharfe Waffen gewesen sind, oft Unrecht geschehen; gewiß ist oft dem Träger statt dem Amt ein bitterer Vorwurf zugeschleudert worden. […] Wir kennen längst die historischen Zusammenhänge und Bedingtheiten und haben es nicht mehr notwendig, kurzsichtig die Polizei für sich allein zu betrachten. Wir wissen, wie sehr sie als Instrument politisch mißbraucht worden ist […] Immer, das ist die große Tragik, konnte und durfte die Polizei dem Volke nur als Herold und Scherge […] entgegentreten, niemals als Helfer und Freund. […] Wir haben, gerade in Hinsicht auf die Verteilung der Gewalt, eine außerordentliche Umwälzung erlebt. […] Die Republik: das sind wir selbst, das Publikum. Wenn wir eine gute Polizei haben wollen und können, warum dann Schranken zwischen ihr und uns aufrichten, die ihren Nutzen verringern müssen? […] So sieht auch die Karikatur die neue Polizei. Sie hat sie nicht verschont, aber der Unterton der ‚Gegnerschaft' ist verschwunden. Es ist eine gewisse Lustigkeit, eine ironische Sympathie in die Polizeikarikatur eingezogen. […] Es wäre ja auch schade, wenn die Karikatur verstummen wollte, denn die Schupo ist doch eine mit dem Volksleben und -verkehr zu eng verknüpfte Erscheinung, als daß wir sie in unseren Witzblättern missen möchten. Sie wird schon wieder Fehler begehen, die wir kritisieren können. Und: Kritik ist Fortschritt, Gewalt ist Rückschritt.* Vorwärts! […]"

Dieser Texte/Bilder habe ich mich bedient:

1. Folgen der Gesetze

Vor dem 1. Juli

Ja, Weizenseppl, was wär's denn mit Dir? Weißt D' net, daß D'nicht 'rein darfst in d'Stadt? Kommt der Lump erst von Ebrach und möcht' gleich wieder im Hofgarten spazieren gehen. Bist D' Dir in Dein' Leben noch nicht g'nug auf'm Schub g'wesen? – Dir is halt auch nirgends wohler, als auf der Polizei, gelt ja!

* s. S. 109

Nach dem 1. Juli *(S. 135)*

Herr Matzschober, Sie werden gütigst entschuldigen! Ich für meine Person würde Sie durchaus nicht belästigen, aber der Herr Untersuchungsrichter wünschen Sie in einer dringenden Angelegenheit zu sprechen. Wenn ich recht unterrichtet bin, so handelt es sich um einen wirklich ausgezeichneten Diebstahl, den wir höchstwahrscheinlich Ihrer Güte verdanken. Haben Sie also die Freundlichkeit, mir zu folgen. Zugleich erlaube ich mir zu bemerken, daß es Ihrem Belieben vollkommen frei steht, gegen diese Verhaftung, wenn ich mich so ausdrücken darf, zu appellieren.

Quellen: Die Polizei in der Karikatur, S. 62; Original: Folgen der Gesetze, in: *Münchener Punsch. Ein humoristisches Originalblatt* von M. E. Schleich, 15. Bd., Nr. 40, 5.10.1862, S. 318, 319; Grziwotz, H.: Ein Vorbild für ganz Europa. 200 Jahre Bayerisches Strafgesetzbuch, 16.5.2013, https://www.lto.de/recht/hintergruende/h/feuerbach-strafgesetzbuch-bayern-abschaffung-folter/ Digitalisat *Münchener Punsch*: https://digipress.digitale-sammlungen.de/view/bsb10617573_00321_u001/1 S. 6, 7, Abruf (alle) 29.10.2020

Der „Münchener Punsch" war eine von 1848 bis 1871 in München erscheinende Satirezeitschrift, die der Dramatiker und humoristische Schriftsteller Martin Eduard Schleich (1827–1881) unter einem Pseudonym herausgab. Es wird angenommen, dass Schleich alle Artikel selbst geschrieben hat.

Bayern erhielt 1813 als erster deutscher Staat ein Strafgesetzbuch, das in seiner Modernität beispielgebend für viele andere Länder war. Am 1. Juli 1862 trat eine Neufassung in Kraft, die erstmals eine Trennung der Justiz von der Administration vorsah und somit Bürger vor willkürlichen Verhaftungen schützte. Die Karikaturen spielen darauf an, wie sich die Änderungen auf den Umgang mit Landstreichern auswirken könnten.

2. [Tipp] und Bild *(Deutscher Michel, S. 137)* – 1850

Das Witzblatt „Deutscher Michel" gründete sich 1850 in der Folge der gescheiterten Revolution von 1848/49 und der daraus erwachsenden zunehmenden staatlichen Repressionen gegen das Volk. Hellwag schreibt dazu (S. 40): „Sein Titelbild kennzeichnet sehr gut die neuen Verhältnisse, unter denen die ‚Linke', das ist das demokratische Bürgertum, nicht wissen durfte, was die ‚Rechte', das ist die absolutistische Reaktion, tat, beziehungsweise zu ihren Handlungen zu schweigen hatte." Die Zeitschrift wurde in Leipzig gedruckt und erschien von 1850 bis 1902. Mit „Tipp" wird das Motto, mit dem sich die Zeitung an den deutschen Bürger richtete, zum zeitlosen kleinen Gedicht. Das Motto war, zusammen mit der Karikatur, auf dem Titelblatt abgedruckt. Unten das Original und rechts daneben der Mottotext im unverändertem Wortlaut.

Der Deutsche Michel erscheint wöchentlich, als Abendblatt, in der Finsternis 1850, nach dem bekannten Motto:

Verschlaf die Zeit, vergiß das Denken, veränd're nie Dein Schafsgesicht,

Laß Dich von jedem Ochsen lenken, und wenn er stößt, so muckse nicht!

Quelle: *Die Polizei in der Karikatur, S. 43 (Beilage); Werkdaten zur Zeitschrift online:* https://zdb-katalog.de/title.xhtml?idn=010247157, *Abruf 27.10.2020*

3. Bild *(Schutzengel Schutzmann, S. 140)* – **1906**

Der „Simplicissimus", eine über die Grenzen Deutschlands hinaus bekannte Satirezeitschrift, wurde von dem Verleger Albert Langen († 1909) 1896 in München gegründet. Namensgeber für das Blatt war die Figur des „abenteuerlichen Simplicissimus" von H. J. Christoffel von Grimmelshausen (siehe auch S. 250, 275). Ursprünglich als illustrierte Literaturrevue nach französischem Vorbild konzipiert, etablierte sich das Heft recht bald, vor allem durch seine hochwertigen Karikaturen, als politisches Satireblatt. Langen verstand es dabei, selbst existenziell bedrohende Zensur-Maßnahmen zur Steigerung des Bekanntheitsgrades des Heftes zu nutzen. Vor allem Bildbeiträge auf der Titel- und Rückseite griffen seit 1898 vermehrt tagespolitische Ereignisse auf. Nach dem Tod von Albert Langen wurde

Des Deutschen Schutzengel

In allen meinen Taten,
laß ich den Schutzmann raten,
der alles darf und kann.
Laß ich ihn meine Sachen,
nach seinem Willen machen,
bin ich am besten dran.
Ich traue seiner Gnaden,
die mich vor allem Schaden,
vor allem Übel schützt.
Leb' ich nach seinen Sätzen,
so wird mich nichts verletzen.
Er weiß, was meiner Seele nützt.

Quelle: *Die Polizei in der Karikatur, S. 125; Simplicissimus, 14. Jg., Heft 29, 1909, Titelblatt; Werkdaten online: https://zdb-katalog.de/title.xhtml?idn=011229667; Digitalisat: http://www.simplicissimus.info/index.php?id=5; https://de.wikipedia.org/wiki/Simplicissimus, Abruf (alle) 18.10.2020*

der deutsch-schwedische Schriftsteller, Maler und Zeichner Thomas Theodor Heine (†1948) auf dem Titelblatt neben Lange offiziell als Mitbegründer des „Simplicissimus" genannt. Heine hatte vom ersten Heft an mitgewirkt; von ihm stammt auch das „Schutzmanns-Schutzengel-Gedicht" und die dazughörige Titelgestaltung auf der vorherigen Seite.

Zielrichtung der satirischen Beiträge waren vor allem die wilhelminische Politik, bürgerliche (Doppel-)Moral, die Kirchen und Beamten, Juristen und das Militär. Die Autorenliste des „Simplicissimus" liest sich wie ein Who's who der Autorenschaft jener Zeit; von „meinen Mitautoren" (vgl. S. 192, 195–215) haben Bierbaum, Claudius, H. Heine, Hessel, Heyse, Hille, Holz, Klabund, Kraus, Mörike, Morgenstern, Mühsam, Ringelnatz, Scheerbart, von Scheffel (posthumer Abdruck), Tucholsky und Valentin für den „Simplicissimus" geschrieben.

Mit dem Beginn des Ersten Weltkrieges gab die Redaktion im Rahmen der allgemeinen Kriegsbegeisterung ihre kritische Haltung auf; aus Opposition wurde Opportunismus. Nach dem Krieg fand das Blatt zu alter Stärke zurück; seit den 1930er Jahren wurde die Kritik an den links- wie rechtsradikalen Kräften zunehmend schärfer. Der „Simplicissimus" warnte vor den Nationalsozialisten als den Totengräbern der Republik, und einige der schärfsten Hitler-Karikaturen erschienen. Schon kurz nach der Machtübernahme zwangen die Nazis Thomas Heine, seine Anteile an der Zeitung abzugeben; Heine wurde jedoch nicht nur wegen seiner kritischen Zeichnungen, sondern auch aufgrund seiner jüdischen Herkunft verfolgt. Letztlich gelang es ihm, unterzutauchen und über Prag, Brünn und Oslo nach Stockholm zu emigrieren.

Gegen die Gleichschaltung des „Simplicissimus" regte sich kaum Widerstand; selbst vormals kritische Zeichner schwenkten auf die Parteilinie der NSDAP um. Das letzte Heft des „Simplicissimus" erschien am 13.9.1944.

4. Bild *(Paragrafenreiter, S. 222; dort seitenverkehrt)*

„**Aus Eulenspiegels Naturgeschichte.
Der Paragraph, Anguis Paragraphus**
wird auch in vielen Gegenden der Galgen der Gerechtigkeit genannt. Er findet sich auf allen Gerichts-, Amts- und Schreibstuben, in deren Stickluft er vortrefflich gedeiht und durch seine ungeheure Vermehrung längst zur Landplage geworden ist. Sowohl wegen seines Körperbaues als seinen Eigenschaften [sic!] wird er mit Recht den Schlangen beigezählt. Er ist, wie diese, während der Verdauung seines Raubes unendlich träge und weicht nur darin von den Schlangen ab, daß er Vorrathskammern für seine Gefräßigkeit anlegt. Im Uebrigen ist er, wie diese, hinterlistig, giftig, geschmeidig und glatt und läßt sich nur mit Mühe fangen. Letzteres Geschäft ist ein einträglicher Gewerbezweig und ausschließliches Privilegium der Advokaten, die man deshalb auch schon Paragraphenbändiger genannt hat, weil sie mit den bekannten indianischen Schlangenbändigern viele Aehnlichkeit [sic!] haben. Sie machen, wie die Indianer mit ihren Schlangen, dieselben unglaublichen Kunststücke mit unsern einheimischen Paragraphen, und sind, wie diese, gewohnt, für ihre Productionen gut bezahlt zu werden. Die Menschheit hat übrigens von solchen Kunststücken bis jetzt wenig Nutzen gezogen, im Gegentheil ist diese Schlangenart eine viel größere Landplage für Europa, als die Klapperschlangen für Amerika, und wenn unsere Gesellschaft zu einem ordentlichen und gedeihlichen Leben gelangen will, so muß sie mit einem großen Paragraphen-Todtschlag anfangen."

Quelle: *Die Polizei in der Karikatur, S. 22; Eulenspiegel Nr. 50, 1848, S. 199, 200; Werkdaten online: https://zdb-katalog.de/list.xhtml?t=perRef%3D%3D118826948&key=cql&asc=f alse; Digitalisat: https://haab-digital.klassik-stiftung.de/viewer/image/128672855X_184800 0000/98/#topDocAnchor S. 98, 99, Abruf 29.10.2020*

Der „Eulenspiegel" war eine wöchentlich erscheinende Satirezeitschrift, die der Schriftsteller und Revolutionär Ludwig Pfau († 1894) 1848 in Stuttgart begründete. Die Zeitschrift war radikaldemokratisch ausgerichtet. Karikiert wurden konservative Kreise, Kirche, Besitz- und Bildungsbürgertum. In fast jeder Ausgabe waren Zensurzeichen zu finden, die von den Blattmachern aber auch als Imagewerbung genutzt wurden. 1853 wurde der „Eulenspiegel" verboten. Versuche in den Jahren 1862 bis 1864, das Blatt neu zu beleben, misslangen.

Wahrer der wahren Natur

Ist das jetzt das Ende schon?
Ich war geneigt, es zu denken.
Dann stieß ich auf eine Dissertation,
die Dinge benannte, die ich nicht kannte.

Empörung, Entsetzen leiten, lenken
gerne auf die Autobahn.
Dabei fängt der größte Fluss als Quelle
an verborgener Stelle sacht zu sickern an.

Alles ist schön und vertraut,
wir lieben die Stille in grüner Idylle.
Wahrheiten sind auf Wissen gebaut,
Vorurteile Hypothesen gewesen.

Selbst scheußlichste Sachen auf Erden
schillern bunt und werden
manchmal Parolen, Protestgeschrei,
manchmal Fußnoten der Geschichte,
manchmal Dramen, selten Gedichte.

Man will sie nicht hören, sie stören;
bis Echokammern im Wörterwald
in einem unfassbaren Schub
den Teufel mit dem Beelzebub
allzubald heraufbeschwören.

Sonne, Abschied, Sehnsucht

I.

Es gibt Sommertage im Leben, deren Leuchten nie vergeht.
Wer je einen solchen Sommertag erlebte, trägt einen Schimmer davon
in seinen Augen sein Leben hindurch.
Wie eine stille, ferne Sehnsucht, liegt es in seinen Träumerblicken,
und manchmal geht sein Auge in die Weite, als suchte es
fern im Meere die einsame Insel des Glücks.
Wer immer einen solchen Tag sein Eigen nennt, ist
ein Kind der Sonne.

II.

Hier steh' ich an der Totenbahre,
Schau deine kalten Glieder an.
Du warst der Freund mir, ja der wahre,
Den ich im Leben lieb gewann.
Du musstest jetzt schon von mir scheiden
Ließest das Leben, das dir winkt,
Ließest die Welt mit ihren Freuden,
Ließest die Hoffnung, die hier blinkt.

III.

Auf des Parkes
Wegen
Irrt das Mondlicht,
Klettert an den
Mauern
Scheu empor,
Neigt sich still
Und lauscht.
.

In den Lüften
Balsam
Rauscht ein Brunnen
Müd hinein;
Plaudert noch im Traume
Von Italiens
Weitem Himmel
Und von
Mondscheinserenaden.

Und ich schreite
Durch die Nacht.
Und mir ist, als
Wölbte sich des
Südens Himmel
Über mir
Zum ewigen Dom.

I. „Die die Sonne lieben" (Novelle, 1917)

S. 41 A **Rezeption:** Mit diesen Sätzen [Anm.: S. 235 I., im Original als Fließ-
S. 42 text] beginnt die romantische Erzählung [einer] unerfüllten Jugendliebe.
S. 46 [...] ‚Die die Sonne lieben' ist äußerst traditionell und geradlinig aufgebaut. Ihr fehlen gerade jene Elemente, die sogenannte anspruchsvolle Literatur ausmachen, wie Vielschichtigkeit, Brüche, Ironie und Distanz, aber auch neue, adäquate Darstellungsformen, formale und stilistische Qualitäten. Die Geschichte ist aus romantischen Klischees zusammengebaut und kommt über die Ebene des Banalen nicht hinaus. Besonders störend wirkt die Häufung von „Edelattributen", die dem Inhalt Tiefe, Anspruch und eine hohe Dramatik verleihen sollen. Sie unterstreichen die Trivialität des Textes zusätzlich. Auffällig ist aber auch ein weiteres Element [...] [Es] zeigt sich ein naiver Realitätsbezug, der als vermeintlich direkter Erkenntniszugang mit reichlich Mystik gespickt wird. Die Erzählung will archaische Muster als ewige Wahrheiten erkennen [...]

S. 47 Im Hochhalten der Idylle [...] kommt die zentrale Kritik an der kalten Geld- und Geschäftswelt zum Ausdruck, wie sie Margas [Anm.: die Jugendliebe des Helden] Ehemann und Nebenbuhler des Helden repräsentiert. Hier zeigen sich ganz offensichtlich Anlehnung [sic!] an den vom Autor verehrten Raabe. [...]

    Raabe stellt für [den Autor] ein leuchtendes Vorbild dar, weil, wie Ralf Georg Reuth schreibt, der Dichter in dem Roman ‚Die Leute aus dem Walde' in dem alten Ulex das Urbild des Deutschen [sic!] Idealisten und Träumers beschrieben habe. Raabes Spruch „Hab acht auf die Gassen" legt [der Autor] für sich als eine emotionale Hinwendung zum „niederen" Volk aus und macht es gleichzeitig mit einem weiteren berühmten Raabeschen Wort „Sieh auf zu den Sternen", das er als Streben nach Höherem deutet, zu seinem Motto.

S. 46 An einer Eintragung [im] Tagebuch [des Autors] läßt sich zeigen, daß er gelegentlich auch ein gewisses Maß an Selbstkritik gegenüber seinen literarischen Versuchen entwickelt. [Zitat] Novellen. [...] „Die die Sonne lieben". Schwülstig sentimental. Kaum noch zu genießen.

II. „Der tote Freund" — III. „Sehnsucht" (Lyrik)

Rezeption: Der erste nachgewiesene literarische Versuch [des Autors] ist ein   S. 41 A
Gedicht, das er anläßlich des frühen Todes eines Mitschülers im Jahre 1912
schreibt und etwas später in einem Anflug von Selbstkritik als ‚typische Pen-
nälerklage' bezeichnet. In ihrer überwiegenden Zahl können die lyrischen Ver-   S. 96
suche [des Autors] als von pubertärem Pathos geprägt bezeichnet werden [...]
Das lyrische Ich leidet unter trüben Herbststimmungen und sehnt sich nach   S. 97
der erlösenden Sommersonne. Weder formal, stilistisch, noch thematisch be-
tritt [der Autor] dabei Neuland. [...] [Um 1920] faßt [er] einen Großteil sei-
ner handschriftlich verfaßten Gedichte zu einer säuberlich abgeschriebenen
Sammlung zusammen und widmet sie seiner großen Jugendliebe [...]. Unter   S. 96
[den Gedichten] finden sich einige gelungene Stilübungen, mit denen sich
[der Autor] deutlich an romantischen Gedichten anlehnt. Sein großes Vorbild
ist dabei Heinrich Heine. [...] Außerdem versucht sich der junge Dichter   S. 98
auch im Stile der Vagantenpoesie:

> Im Herzen die Liebe, in Sonne die Welt, /Und einen ganzen Beutel
> voll Geld./Und täglich der Liebe, der Liebe nur leben,/Was könnt' es
> wohl Schöneres auf Erden geben?

Das Gedicht ‚Sehnsucht' baut sich im Gegensatz zu dem zuvor besprochenen   S. 103
aus freien Rhythmen auf, die in drei Strophen unterteilt sind. Der erste Vers
liefert eine Situationsbeschreibung, in der die nächtliche Stimmung in einem
ummauerten Park geschildert ist. Etwas Unheimliches will die Verwendung
des Adverbs „scheu" dabei vermitteln. Die zweite Strophe fährt in der Beschrei-
bung von Atmosphärischem fort. [...] Erst in der dritten Strophe tritt das ly-
rische Ich auf, dessen Sprecher durch die Nacht schreitet, deren Stimmungen
er ausgesetzt ist. Der nächtliche Mondschein löst die Assoziation von Italien
und südlichem Himmel aus, die in strengem Kontrast zu der nördlichen Park-
Mondlicht-Szene steht. In das Nachdenklich-Melancholische dringt nun die
Sehnsucht nach dem weiten Himmel Italiens. Dieser südliche Himmel findet
in der dritten Strophe seinen Weg zum Ich, indem er sich über ihm zu einem
„ewigen Dom" wölbt. Die Sehnsucht vermag es, den erträumten Himmel und
den nächtlichen Himmel des Parks zu verbinden. Doch das scheint nur so:

Der selbstgewählte ideologische Hauptfeind [...] war und blieb der Kapitalismus. *(S. 154 A)*

Jede Jugend muß sich selbst helfen. Auch wir. Wir müssen selbst Hand anlegen, müssen unser Schicksal selbst formen. (S. 193)

Die Sprache selbst soll dabei explizit neu gestaltet werden als Rezept für die erfolgreiche Veränderung der Welt [...] wovon der literarische Expressionismus nur zu träumen wagt: das Versprechen oder besser die Drohung, die Welt durch Sprache zu verändern. *(S. 144)*

Der Dichter, der den Typus des von Natur aus rein idealistischen Menschen verkörpert, erkennt als zentrales Problem die Verderbtheit der materialistischen Welt. *(S. 147, 153)*

Ein Potpourri

Der Wanderer

Ihr seid das Salz der Erde! — Matthäus 5, 13

Redewendungen mit Zeitbezug, (Pseudo-)Sprichwörtliches und Wortspielartiges (S. 124/125)

▶ *S. 209*

- Wir dienen dem großen Gedanken der modernen europäischen Gesellschaft. —48
- Die Politik der Faust und der Straße. —56
- Sie haben wie die Vandalen gehaust. —36
- Mach Dir kein X für ein U vor. —31
- Schweigen ist Sünde, wenn es um die Wahrheit geht. —49
- Ja, die Wahrheit tut weh. Das ist eine alte Wahrheit. —30
- Es wird ein Ende mit Schrecken sein. —39
- Ich bin der Herr der Kohle. —44
- Im Kampf um die Zukunft gibt's keine Lüge. —48

Der Dichter im *Wanderer* erweist sich ganz als eine an den Expressionismus angelehnt [sic!] Figur. In der Absetzung zu der Wissenschaftsprogammatik des Naturalismus entwickelt der Expressionismus eine spezifische Dramatik der Verkündigung, die das veränderte Weltbild wiedergibt. Der Expressionist löst die Wirklichkeit in die Spiegelungen des erlebenden Subjekts auf und stellt die Realität allein unter dessen Optik. An die Stelle eines von äußeren Strukturen bestimmtes Sozialmilieus [sic!] tritt nun ein „von innen" her organisiertes psychisches Milieu.

Der Wanderer (Manuskript 1923) BA Koblenz NL 118/98

Sprachliche Besonderheiten (S. 124)

Die zeitgemäßen Formulieren [sic!] lassen einen durchaus aktuellen [Autor] erkennen. Einige zeigen die Tendenz zum Extremen zum mehr oder weniger versteckt Gewalttätigen. Andere poetisieren den Text [...].

Du hast recht, ihr seid das Symbol der neuen Zeit. [...] Die neue Welt wird euern Stempel tragen. [...] Ihr werdet die Welt gestalten! Ihr seid das Salz der Erde! (S. 194)

Warum erstickt man so das Feuer der Liebe in der Jugend?

Weil die Jugend die alte Welt umstürzen und eine neue an ihre Stelle setzen würde. [...] Ja, sie warten, diese Jungen [...] Doch die Zeit wird vielen zu lang. —25, S. 150

„Und mir ist es...". Zu der Italienromantik, die spätestens seit Eichendorff in den romantischen Gedichten herumspukt gesellt sich damit eine Spur romantischer Ironie. [...] Der Himmel wird dabei religiös besetzt und formt sich nun in der Vorstellung zum Dome. [...] Am Ende findet sich das Ich in einer Art behütetem Zustand. Nach der „scheuen" Haltung in der ersten Strophe hat es die Gewißheit eines schützenden „Über-Ichs" gewonnen.   S. 104

IV. Arbeit, Saat und Wanderer   Quelle 41 A

Um die Jahreswende 1919/20 entsteht das Fragment eines neuen Dramas,   S. 69
das [der Autor] später in ‚Die Arbeit' umbenennt. Das Stück spielt im   S. 70
Fabrikarbeitermilieu und enthält eine deutliche Anklage sozialer Ungerechtigkeiten, die sich bis zum Haß steigert. [Der Autor] läßt eine Figur provozierend fragen:

> Warum hassen sie nicht alle, die ihre Jugend vernichtet haben,   S. 70 B
> die jetzt wieder die Jugend der neuen Generation vernichten, die   [137]
> schon ihre Hände ausstrecken [...], weil sie Euch die Fähigkeit
> geraubt haben [...] zu hassen alles, was böse und schlecht [ist].

[Der Autor] liest in dieser Zeit unter anderem Nietzsches Zarathustra.   S. 70
[...] Deutlich vom revolutionären Zeitgeist inspiriert entsteht im März
1920 sein Drama ‚Die Saat'. Die naiv formulierte „Utopie" lautet: Es müssen   S. 71
nur alle erkennen, daß sie liebende Menschen, Brüder seien und schon
sind alle Konflikte aus der Welt geschafft. [Der Autor] schreibt dieses Stück   S. 72
in drei Akten im März 1920, als er die Osterferien zu Hause [...] verbringt.
[...] In seinem Tagebuch notiert [der Autor] zur selben Zeit: [Zitat] Eif-   S. 70
rige Lektüre. Tolstoi, Dostojewskij, Revolution in mir. [...] In einigen
Tagen ‚Die Saat' konzipiert und hingehauen. [...] In seinem Tagebuch,   S. 105
in dem [der Autor] neben seiner Lektüre und Theaterbesuchen auch seine
literarischen Arbeiten und Projekte vermerkt, erwähnt er im Herbst 1923
[...] [Zitat]: Prometheus brennt mir auf der Seele. Dann ein Zeitdrama.
Erste Anfänge des Wanderers.

II./III.
Rezeption (Forts.):

Bemerkenswert sind die Gedichte nur durch das, was sie nicht sind: Sie sind keine Identifikationen für den soldatischen Rassemenschen. Das lyrische Ich zeigt sich nicht als todesmutiger Haudegen, nicht als blonde Bestie. Eher als melancholischer, romantischer Sinnierer über die Vergänglichkeit allen Seins. *(S. 104)*

Bei dem bereits 1923 konzipierten Drama *Der Wanderer* von Goebbels handelt es sich erkennbar um den Text des vorliegenden Typoskripts, den Goebbels im Mai 1927 für eine Aufführung des Stückes im November desselben Jahres umgearbeitet hat. Durch geringfügige Veränderungen wird aus dem ursprünglich allgemein menschheitlich orientierten Drama ein ausgesprochen nationalistisches und nationalsozialistisches Theaterstück, das als Entwurf einer eigenständigen nationalsozialistische [sic!] Ästhetik aufgefaßt werden soll. *(S. 109)*

[...] [Goebbels] Drama [weist] entsprechen [sic!] seiner Intention und seiner Gattung keine „komischen" Elemente auf.*
(S. 124)

*Ausnahme: eine zweideutige erotische Anspielung *(1927, S. 31)*.

„Die zur Wahrheit wandern, wandern allein."
Christian Morgenstern

Gott Mammon ist der Herr der Welt! / Er herrscht mit Willkür und Vermessenheit, / Mit Tyrannei und Lüge. [...]
Joseph Goebbels: Der Wanderer 1927, S. 6

„Auf die Berge will ich steigen."
Heinrich Heine

Der selbstgewählte ideologische Hauptfeind von Joseph Goebbels war und blieb der Kapitalismus. Was für Hitler der Rassismus war – Dreh- und Angelpunkt seiner Weltanschauung –, war für Goebbels der Antikapitalismus. Den gemeinsamen Eckstein der beiden Gedankengebäude von Hitler und Goebbels bildete indessen der Antisemitismus. *(S. 154 D)*

Aber wie leicht ein expressionistischer „Abstraktpazifismus" in nationalsozialistische Erlösungsdramen einzubauen und umzuinterpretieren ist, hat Goebbels in seinem *Wanderer* vorgeführt. Mit wenigen Änderungen wird das ursprüngliche noch allgemein gehaltene Menschheitsdrama zum nationalsozialistischen Erlöserdrama umgewandelt. *(S. 215)*

In den Zitaten auf S. 236–239 wurde „Goebbels" jeweils durch [Autor] ersetzt. Die Literaturverweise „S. xx" beziehen sich auf die Dissertation von Oppermann, „–xx" auf Goebbels Originaltexte.

[...] In Spenglers *Untergang des Abendlandes* begeistert er [Goebbels] sich an dessen „ewigen Daseinsgesetzen" vom Werden und Vergehen und stimmt in die Klage über das seelenlose und materialistische Zeitalter der Industrialisierung ein. Die geschmähte „Zivilisation" gilt bei Spengler als Ende aller Kulturen. Nach dieser Lektüre, notiert er, glaube er an nichts mehr und fühle nur noch Pessimismus und Verzweiflung. (S. 81)

Der Untergang des Abendlandes erschütterte den apokalyptischen Optimismus der Deutschen nicht weniger als der verlorene Krieg. Die „apokalyptische Stimmungen" [sic!] in den zwanziger Jahren, von denen Klaus Mann sprach, waren nicht zuletzt – vor allem unter den Gebildeten – durch Spengler beeinflußt. Die pessimistische, auf den Untergang fixierte Zukunftsvision gewann die Oberhand, auch als Bedeutung des Begriffs „Apokalypse". [...] (S. 81 C)

„Was ich nicht erlernt habe, das habe ich erwandert."
Goethe

LITERATURNACHWEIS

Oppermann, Jürgen, 2005, online:
https://publikationen.bibliothek.kit.edu/1000003414

S. 41 A Joseph Goebbels: ‚Der tote Freund', 1912, Bestand Genoud, Lausanne; S. 42: ‚Die die Sonne lieben', 1917; S. 96: Gedichte. Anka Stahlherm zugeeignet, München 1919: BA Koblenz, NL 118/117; Gedichte nachtr. paginiert; S. 4, 274: ‚Der Wanderer. Ein Spiel in einem Prolog, elf Bildern und einem Epilog', 1923 fragment. Manuskript, BA Koblenz, NL 118/98; ‚Der Wanderer. Ein Spiel in einem Prolog, zehn Bildern und einem Epilog', 1927 (Theaterexemplar), Bestand Bernd Roscher

S. 70 B zit. nach: Reuth, Ralf Georg: Goebbels, München 1990, S. 45

S. 81 C zit. nach: Klaus Vondung, Die Apokalypse in Deutschland, München 1988, S. 149

S. 154 D zit. nach: Höver, Ulrich, Joseph Goebbels – ein nationaler Sozialist, Bonn 1992, S. 403

S. 213 E zit. nach: Reinhold Grimm: Zwischen Expressionismus und Faschismus. In: Reinhold Grimm/Jost Hermand (Hg.): Die sogenannten Zwanziger Jahre. Bad Homburg, Berlin, Zürich 1970, S.42ff.

S. 33, Fußnote 99: Quelle zu Goebbels Tagebüchern

„Wenn einer eine Reise tut, so kann er was erzählen."
Matthias Claudius

[...] Ich leugne natürlich keinesfalls, daß die Nazis, insbesondere Goebbels, am Anfang schwankten und gelegentlich sowohl den Expressionismus als auch die Neue Sachlichkeit für sich in Anspruch nahmen. Aber andererseits lud Goebbels ausgerechnet den militanten Piscator ein, ihm „ein NS-Propaganda-Theater" aufzubauen. [...] Doch der Beweis läßt sich auch umgekehrt führen. Es ist ja wahrhaftig kein Geheimnis, daß im expressionistischen Anarchismus rechter und linker Extremismus durcheinanderbrodelten [...]
(S. 213 E)

Gemeinsam ist den Wanderern die Bereitschaft, das Leben auf eine veränderte Art zu ergreifen. Im ständigen Weitergehen findet ihr Wille zur Wandlung seinen Ausdruck. Der Wanderer glaubt an die Möglichkeit, sich letzte Klarheit verschaffen zu können. Entsprechend taucht im 20. Jahrhundert das Wandermotiv als Suche nach Seinsorientierung auf, als eine Metapher für die Abenteuerfahrt „Leben". (S. 119)

Sprichwörter, Redewendungen
Hommage an dem Volk sein listiges Mundwerk

Einen, der auch mitgeschrieben,
habe ich noch nicht genannt,
doch der liebe Volkesmund
versteckt sich gerne unerkannt,
tut völlig neue Wörter kund
oder zähmt sehr ungestüm,
und dabei meist anonym,
so manches Wörterungetüm.

Wie schon bei meinen Mitautoren
ging mir auch beim Volkesmund
manches hübsche Wort verloren:
Sprüche haben sich gedreht,
Wörter sind versandet,
beim Setzen hier und da verweht;
Sätze haben sich verkantet.

Zur Strafe habe ich sehr tief
nach Mein und Dein gegründelt,
den ganzen Laden mal entmistet,
alles hübsch gebündelt
und hier aufgelistet,
inklusive Schein und Sein,
mitsamt Erklärung obendrein.
Leider war das mehr als schwer:
Wo nimmt denn dieser Volkesmund
bloß seine Weisheit her?

Beim Weitergraben finde ich
so manche hübsche Gaben:
Neues baut doch hier und dort
an fernem Ort,
ich wund're mich,
auf dem tiefen Grund,
den alte Dichter einst gegraben haben.

Alt und Neu im Sprachverbund:
So wird es hoffentlich auch bleiben.
Und so war es immer schon:
Volkesmund tut Wissen kund
ohne jede Zitation!

Die Spontis wären sauer, wüssten sie:
in einen Topf mit Volkesmündern? *Never*, nie!
An der Sprache haben sie nicht nur gezupft,
zornig haben sie das Alte ganz und gar zerrupft.

Und dennoch zeigen sie: Selbst Rebellion,
trifft sie den rechten Ton,
kann Sachen machen,
über die auch später noch
Leute rätseln oder lachen.

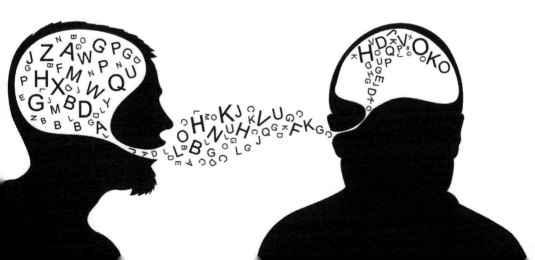

A

Ach und Krach: mit größter Mühe, mit knapper Not ↪ Eine Ableitung von den lautmalenden Wörtern Ächzen und Krächzen; wurde schon im 16. Jahrhundert (vor allem in Studentenkreisen) verwendet.

Aus der Traum: Der Wunsch hat sich nicht erfüllt. ↪ Gleiche Herkunft wie „nicht im Traum einfallen"; die Redewendung ist für das 16. Jahrhundert durch einen lutherischen Theologen belegt: „Das komt jhm nicht im trawm für."

B

Butter bei die Fische: Aufforderung, Klartext zu sprechen, nicht um den heißen Brei herumzureden bzw. endlich zur Sache zu kommen. ↪ Die Redensart stammt ursprünglich aus Norddeutschland und zwar aus der Küche: Früher wurde der Fisch kurz vor dem Servieren mit Butter verfeinert; mit der (hochwertigen und teuren) Butter wurde somit das Wesentliche dazugegeben, und zwar erst unmittelbar vor dem Servieren, damit die Butter nicht gerann. Sobald also die Butter beim Fisch war, konnte (und musste) zügig mit der Mahlzeit begonnen werden. Das Sprichwort ist seit ca. 1850 nachgewiesen.

D

Das haben längst die Mäuse gefressen: eine alte, längst vergessene Sache ↪ Herkunft unbekannt.

Das weiß der Geier: Ausdruck des Nichtwissens ↪ Der Geier stand im 19. Jahrhundert auch als Synonym für den Teufel.

Dem Volk aufs Maul schauen: Beobachten, wie sich die einfachen Leute ausdrücken und von ihnen lernen ↪ Der Spruch geht auf Martin Luther zurück ▶ *siehe Seiten 220/221*.

Den Hut nehmen: davongehen, seinen Rücktritt oder die Kündigung erklären oder sich als entlassen betrachten ↪ Bezieht sich darauf, dass man beim Gehen (früher) den Hut mitnahm; nachgewiesen seit ca. 1900.

Den inneren Schweinehund überwinden/besiegen: sich aufraffen, sich einen Ruck geben; eigene Schwächen (Faulheit, Trägheit) überwinden, um eine unangenehme, aber für richtig erachtete Sache endlich anzugehen ↪ Der Begriff Schweinehund ist seit dem 18. Jahrhundert nachgewiesen und bezeichnete damals (im übertragenen Sinne) einen unflätigen, niederträchtigen Mann. Wörtlich handelte es sich beim Schweinehund um einen Hund, der zum Hüten der Schafe, aber auch zur Jagd auf wilde Schweine eingesetzt wurde. Im 19. Jahrhundert wurde der Begriff von Studenten als grobes

Schimpfwort gebraucht. In der Kombination „innerer Schweinehund" bezeichnete der Ausdruck u. a. die Nachgiebigkeit gegenüber Süchten und Lüsten bzw. in der konkreten Aufforderung, den inneren Schweinehund zu besiegen, selbstsüchtige, kleingeistige Gefühle zu zähmen. In dieser Bedeutung soll der Begriff bereits im 1. Weltkrieg gebraucht worden sein. Während der Zeit des Nationalsozialismus wurde der „innere Schweinehund" auch als Synonym für einen „Mangel an gesundem Volksempfinden" gebraucht; vor der Machtergreifung benutzte ihn hingegen der Sozialdemokrat Dr. Kurt Schumacher in einer Rede, in der er vor dem Nationalsozialismus warnte:

> „Die ganze nationalsozialistische Agitation ist ein dauernder Appell an den inneren Schweinehund im Menschen. Wenn wir irgendetwas an den Nationalsozialisten anerkennen, dann dies, dass ihnen zum ersten Mal in der deutschen Politik die restlose Mobilisierung der Dummheit gelungen ist."

Im 2. Weltkrieg gehörte der Begriff zur Standardsprache der Wehrmachtssoldaten. Heute wird der „innere Schweinehund" im eingangs erwähnten Sinne verwendet, beispielsweise wenn es darum geht, endlich Sport oder eine Diät zu machen. Der ursprünglich beleidigende Charakter des Wortes „Schweinehund" ist innerhalb der Redewendung nicht mehr vorhanden.

Den lieben Gott einen guten (oder frommen) Mann sein lassen: unbekümmert die Zeit verbringen ↪ Wer Gott einen guten Mann sein lässt, stellt ihn sich nicht als Rachegott vor, der die Sünde des Müßiggangs bestraft, sondern gnädig darüber hinwegsieht.

Der frühe Vogel fängt den Wurm: Wer als Erster da ist, bekommt auch was; Je früher jemand sich um etwas bemüht, desto größer sind seine Aussichten, es zu erreichen. ↪ Das Sprichwort stammt ursprünglich aus dem Englischen („The early bird catches the worm"; dort nachgewiesen seit 1636). Eine ähnliche Bedeutung hat ▶ *Morgenstund hat Gold im Mund* oder „Wer zuerst kommt, mahlt zuerst".

Der Mohr hat seine Schuldigkeit getan. Der Mohr kann gehen: Ausdruck der Enttäuschung darüber, dass jemand in einer bestimmten Situation Dank zu erwarten hätte, der aber nicht gewährt wird. Als scherzhafte Abwandlung wird auch die Variante „Der Mohr hat seine Schuldigkeit getan, der Mohr kann kaum noch gehen" verwendet, um auszudrücken, dass eine Tätigkeit mit großer körperlicher Anstrengung verbunden war. ↪ Das (abgewandelte) Zitat stammt aus dem Trauerspiel „Die Verschwörung des Fiesko zu Genua" (1783) von Friedrich Schiller (1759-1805). Der „Mohr von Tunis", der Zuträger für Fiesko bei der Verschwörung gegen den Dogen Andrea Doria, tritt im 3. Aufzug (4. Szene) mit den Worten von der Bühne ab:

„Der Mohr hat seine Arbeit getan. Der Mohr kann gehen." Dass das Wort „Schuldigkeit" in Schillers Stück nicht vorkommt, wurde 1877 in dem Buch „Geflügelte Worte. Der Citatenschatz des deutschen Volks" verzeichnet; dem Autor Georg Büchmann ging es darum, gebräuchliche, aber falsche Zitate richtigzustellen. Ob das aus dem Schillerstück entlehnte Sprichwort wegen des Bedeutungswandels oder auch aus dem Vorwurf des Rassismus heraus noch gebraucht werden sollte, wird in der jüngeren Zeit vermehrt diskutiert. Der Theaterkritiker Gerhard Stadelmaier bezeichnete die Redewendung 2012 in einer Glosse als „puren Blödsinn" und „das hartnäckigste Sprichwortgespenst überhaupt". Theodor Fontane hat den zweiten Teil des Zitats 1894 in einem Gedicht verwendet:

Die Alten und die Jungen

„Unverständlich sind uns die Jungen",
Wird von den Alten beständig gesungen;
Meinerseits möcht ich's damit halten:
„Unverständlich sind mir die Alten."
Dieses am Ruderbleibenwollen
In allen Stücken und allen Rollen,
Dieses sich Unentbehrlichvermeinen
Samt ihrer „Augen stillem Weinen",
Als wäre der Welt ein Weh getan –
Ach, ich kann es nicht verstahn.
Ob unsre Jungen, in ihrem Erdreisten,
Wirklich was Besseres schaffen und leisten,
Ob dem Parnasse sie näher gekommen
Oder bloß einen Maulwurfshügel erklommen,
Ob sie, mit andern Neusittenverfechtern,
Die Menschheit bessern oder verschlechtern,
Ob sie Frieden sä'n oder Sturm entfachen,
Ob sie Himmel oder Hölle machen –
Eins läßt sie stehn auf siegreichem Grunde:
Sie haben den Tag, sie haben die Stunde;
Der Mohr kann gehn, neu Spiel hebt an,
Sie beherrschen die Szene, sie sind dran.

Der Zahn der Zeit ► *Zahn der Zeit*

Des Pudels Kern: Ein Ausdruck der Überraschung über etwas, das verborgen war und plötzlich sichtbar wird; auch eine Verwendung in dem Sinne, dass die Lösung eines Rätsels offenbar wird, die bislang geschickt verschleiert wurde. ⇨ Das geflügelte Wort hat seinen Ursprung in Johann Wolfgang von Goethes „Faust" *(Faust I; Studierzimmerszene)*. Während des

„Osterspaziergangs" gesellt sich ein schwarzer Pudel zu Faust und seinem Assistenten Wagner; Faust fällt auf, dass sich der Hund seltsam aufführt und sagt zu seinem Begleiter:

„Bemerkst du, wie in weitem Schneckenkreise/Er um uns her und immer näher jagt?/Und irr ich nicht, so zieht ein Feuerstrudel/Auf seinen Pfaden hinterdrein."

Der Pudel begleitet Faust bis in sein Studierzimmer und verwandelt sich dort vor dessen Augen.

„Das ist nicht eines Hundes Gestalt!/Welch ein Gespenst bracht ich ins Haus!/Schon sieht er wie ein Nilpferd aus (…)"

Schließlich nimmt der Hund menschliche Züge an und tritt als Mephisto auf. Faust, der sich mit Schwarzer Magie beschäftigt, erkennt durch die Art der Verwandlung, dass der Hund in Wahrheit ein Abgesandter der Hölle ist, und es folgt der berühmte Ausspruch:

„Das also war des Pudels Kern!"

Bei der Gestaltung dieses Motivs orientierte sich Goethe an altüberlieferten magischen Vorstellungen; die im Aberglauben verwurzelte Überzeugung von der dämonischen Natur des Hundes äußerte sich in Sagen oft in Form von riesengroßen schwarzen Hunden mit glühenden Augen, die als Begleiter von Unholden auftraten. Der Teufel wählte sich danach gern die Gestalt eines schwarzen Hundes, insbesondere die eines Pudels.

Die alte (immer dieselbe/die gleiche) Leier spielen: Etwas Ärgerliches oder Unangenehmes, das sich immer wiederholt; Vortragen einer alten, längst bekannten Sache ⇐ Die Leier ist ein Saiteninstrument, das im 9. Jahrhundert erfunden wurde. Die sogenannte Kurbel- oder Drehleier ist auf eine bestimmte Melodie festgelegt und daher wenig abwechslungsreich. Sowohl Instrument als auch das immer gleiche Lied stehen sinnbildlich für Eintönigkeit und penetrante Wiederholung.

E

Ein guter Journalist macht sich nicht gemein, auch nicht mit einer guten Sache: Der Ausspruch stammt von dem Journalisten und ehemaligen Moderator der Tagesthemen, Hanns Joachim „Hajo" Friedrichs (1927-1995) und wurde zum Motto für den Hanns-Joachim-Friedrichs-Preis, der erstmals im Todesjahr des Journalisten verliehen wurde: „Einen guten Journalisten erkennt man daran, dass er sich nicht gemein macht mit einer Sache, auch nicht mit einer guten Sache; dass er überall dabei ist, aber nirgendwo dazugehört." Im Original lautete das Zitat etwas anders:

> „Das hab ich in meinen fünf Jahren bei der BBC in London gelernt: Distanz halten, sich nicht gemein machen mit einer Sache, auch nicht mit einer guten, nicht in öffentliche Betroffenheit versinken, im Umgang mit Katastrophen cool bleiben, ohne kalt zu sein. Nur so schaffst du es, dass die Zuschauer dir vertrauen, dich zu einem Familienmitglied machen, dich jeden Abend einschalten und dir zuhören",

sagte Hanns Joachim Friedrichs in einem Interview mit dem Spiegel (Nr. 13/1995), das einen Tag vor seinem Tod publiziert wurde.

Ein X für ein U vormachen: Jemanden auf grobe, plumpe Art täuschen, in die Irre führen. ⟿ Die Redewendung stammt aus der Zeit, in der noch römische Zahlenzeichen in Gebrauch waren. Anders als bei den arabischen Ziffern 1–9 müssen bei den römischen die einzelnen Zeichen addiert werden, um die eigentliche Zahl zu erhalten, also beispielsweise: VIII = V (für 5) + I + I + I = 8. Heute kaum mehr vorstellbar, waren die arabischen Ziffern den Menschen im Abendland lange suspekt; sie galten – vor allem wegen der unverständlichen Null – als Erfindung des Teufels und wurden beispielsweise 1299 in Florenz sogar verboten. Der direkte Bezug zur Redensart ergibt sich daraus, dass das römische Zeichen für „fünf" – V – ein Halbes des für „zehn" vorgesehenen Zeichens X ist (ein V steht auf dem Kopf). Insbesondere in Wirtshäusern kam es vor, dass der Wirt dem Gast ein X für ein V vormachte, indem er einfach auf der Kreidetafel mit den Preisen für Verzehr das V zu einem X „verlängerte". Noch im 16. Jahrhundert wurde die Redensart auch entsprechend mit „Ein X für ein V vormachen" verwendet. Ein Unterschied zwischen den Zeichen U und V wurde erst im 17. Jahrhundert gemacht. Vorher schrieb und druckte man beispielsweise vnd statt und. ▶ *Wer Wind sät (...)*

Ende (im) Gelände: umgangssprachlicher Ausdruck, der eine Situation kommentiert, in der es nicht mehr weitergeht, in der ein Plan nicht ausgeführt werden kann, in der etwas nicht mehr möglich ist; heute auch die Bezeichnung einer politischen Bewegung (Anti-Atom-, Anti-Kohlekraft), die sich selbst als Teil der Bewegung für Klimagerechtigkeit sieht. Die Kampagne „Ende Gelände" wird vom Bundesamt für Verfassungsschutz als linksextremistisch beeinflusst eingestuft.

G

Gift und Galle spucken (speien): sehr wütend sein, ausfallend und gehässig werden ⟿ Die Redewendung ist bereits im 16. Jahrhundert verbreitet und geht möglicherweise auf einen Bibelvers zurück, der sich in der Ausgabe von 1912 noch findet, aber nicht in der Bibelübersetzung von 1975:

> „Ihr Wein ist Drachengift und wütiger Ottern Galle." (5. Mose 32, 33)

H

(Völlig) hin und weg sein: verblüfft, überwältigt, begeistert sein ⇨ Möglicherweise geht der Ausspruch auf die Vorstellung zurück, dass man sich zunächst zu einem Ort hinbegibt, und dann vor Begeisterung im übertragenen Sinne (also gedanklich) weg ist.

I

Ich kam, sah und siegte: kaum angekommen, schon gewonnen; von einem überaus raschen Erfolg ⇨ Eine Übersetzung des lateinischen „Veni, vidi, vici" (wörtlich): „Ich kam, ich sah, ich siegte". Den Ausspruch soll dem griechischen Schriftsteller Plutarch zufolge der römische Staatsmann und Feldherr Gaius Julius Caesar (100 v. Chr. – 44. v. Chr.) nach der Schlacht bei Zela (Königreich Pontos, Südküste Schwarzes Meer; Datum der Schlacht nach julianischem Kalender: 21. Mai 47 v. Chr.) in einem Brief an seinen Freund Gaius Matius getätigt haben.

J

Jeder Versuch, den Himmel auf Erden zu verwirklichen, produzierte stets die Hölle: Ein oft auch in leichter Abwandlung (Präsens) verwendetes Zitat, das von dem österreichisch-britischen Philosophen Sir Karl Raimund Popper (1902–1994) stammt. Popper begründete mit seinen Arbeiten zur Erkenntnis- und Wissenschaftstheorie den kritischen Rationalismus. Das vollständige Zitat lautet:

> „Im Namen der Toleranz sollten wir das Recht beanspruchen, die Intoleranz nicht zu tolerieren. *Jeder Versuch […]*"

Jemandem (gewaltig) auf den Keks gehen: Jemandem auf die Nerven gehen, lästig sein und jemanden damit verärgern, aufdringlich sein, Ablehnung hervorrufen ⇨ Die Herkunft der Redewendung ist nicht eindeutig geklärt. Es gibt drei Deutungsversuche: 1. eine jugendsprachliche „Abwehrfloskel", mit der scherzhaft beliebige Begriffe als Ersatz für das Wort „Geist" in der älteren (und ursprünglichen) Redewendung „Du gehst mir auf den Geist!" eingesetzt wurden. Alternativ zu „Keks" auch: Senkel, Nüsse, Eier, Wecker, Sack, Docht, Zeiger etc. 2. Keks als Synonym für Kopf (ähnlich der Redensart: „Einen am (weichen) Keks haben") mit der Vorstellung, dass der Kopf sinnbildlich, ähnlich wie der Keks tatsächlich, leicht zerbröselt, wenn man genervt ist. 3. Herleitung über „Keks" als Slangausdruck für LSD-Papier über LSD als halluzinogene Droge und deren Wirkung auf den Geist. Die Redensart soll seit 1975 gebräuchlich sein.

Jemandem ein X für ein U vormachen ▶ *Ein X für ein U vormachen*

K

Kräht der Hahn auf dem Mist, ändert sich's Wetter, oder es bleibt, wie es ist. In der ursprünglichen Bedeutung: Wettervorhersagen oder Wetterregeln sind nicht zuverlässig; der Spruch wird aber auch in vielfältigen Abwandlungen gebraucht und oft ironisch auf unterschiedlichste Sachverhalte bezogen, in denen viel Wirbel um Nichts gemacht wird. Das Wort „Mist" geht übrigens auf das mittelniederdeutsche Wort „Migen" (Harnen) zurück.

Knall auf Fall: plötzlich, abrupt, schnell, unerwartet ⇨ Der Ausspruch beschreibt ein Bild aus der Jägersprache: Dem Knall des Gewehrschusses folgt unmittelbar der Fall des getroffenen Wildes. Seit dem 17. Jahrhundert literarisch überliefert ist die Wendung „Knall und Fall", z. B. im „Simplicissimus":

> „[...] Jch wendet mich wieder gegen den Bäumen/ deren das gantze Land voll stunde/ und sahe/ wie sie sich bewegten/ und zusammen stiessen/ da prasselten die Kerl Hauffenweis herunder/ **Knall und Fall** war eins; augenblicklich frisch und todt [...]"
> *(Erstes Buch, S. 62, 63)*

> „[...] mein Gegner vermeynte/ die Mußquet hätte mir versagt/ und das Zündloch wäre mir verstopfft/ sprengte derowegen/ mit einer Pistol in der Hand/ gar zu begierig recta auff mich dar/ in Meynung/ mir meinen Frevel zu bezahlen; Aber ehe er sichs versahe/ hatte ich die Pfann offen/ und wieder angeschlagen/ hiesse ihn auch dergestalt willkomm seyn/ daß **Knall und Fall** eins war."
> *(Drittes Buch, S. 305)*

aus: *Der Abentheurliche Simplicissimus Teutsch; ein Schelmenroman von Hans Jakob Christoffel von Grimmelshausen* (um 1622–1679); erschienen unter Pseudonym; Erstdruck 1668, Folgedruck 1669; Abb.: Fontispitz, Text siehe S. 275

Der Roman, der ein detailreiches Bild des Dreißigjährigen Krieges und der zerrissenen deutschen Gesellschaft nach dem Krieg zeichnet, gilt als wichtigstes Prosawerk des Barock in deutscher Sprache. Ein Jahrhundert später verwendete Gotthold Ephraim Lessing die Wendung „Knall und Fall" des Öfteren in seinen Werken, z.B. in dem 1779 veröffentlichten und 1783 uraufgeführten Drama „Nathan der Weise":

> „Wer überlegt, der sucht
> Bewegungsgründe, nicht zu dürfen. Wer
> Sich **Knall und Fall,** ihm selbst zu leben, nicht,
> Entschließen kann, der lebet andrer Sklav
> Auf immer. – Wie Ihr wollt! – Lebt wohl! wies Euch
> Wohl dünkt. – Mein Weg liegt dort; und Eurer da."
> *(Derwisch Al-Hafi zu Nathan, Zweiter Akt, 9. Auftritt)*

„Nathan der Weise. Ein dramatisches Gedicht in fünf Aufzügen" war Lessings letztes Werk; es gehörte wegen seiner Themenschwerpunkte des Humanismus und des Toleranzgedankens lange Zeit zum Bildungskanon, wurde in der Zeit des Nationalsozialismus verboten und fand dann nach 1945 bis heute regelmäßig Eingang in die Lehrpläne für den Deutschunterricht. „Nathan der Weise" gilt als Klassiker der Schullektüre.

Auch in Klaus Manns Roman „Mephisto" (erschienen 1936) findet sich die Formel: „[…] Es widerstrebt mir, einen mittellosen und kranken Menschen **Knall auf Fall** auf die Straße zu setzen." (S. 180)

M

Mehr Schein als Sein: etwas Besseres oder Größeres vortäuschen, als es tatsächlich ist ↪ Die Bedeutung des Wortes Schein als „Glanz, Strahlen, Leuchten" ist schon im Altgermanischen zu finden; seit dem 15. Jahrhundert sind mindestens zwei Bedeutungsinhalte nachzuweisen; zum Ersten in dem Sinne „Trugbild", zum Zweiten in dem Sinne von „einen sichtbaren Beweis erbringen". Daraus entwickelten sich entsprechende Bezeichnungen wie „scheinbar" und „bescheinigen". Im Sinne des Sprichworts ist allerdings das Trugbild, die Täuschung, gemeint.

Mir nichts, dir nichts: ohne zu zögern, ohne Umschweife, ohne viel zu fragen ↪ Die Wendung stellt vermutlich eine Verkürzung des Ausspruchs „Ohne mir und dir zu schaden" dar. In der heutigen Bedeutung wird die Wendung bereits von Gotthold Ephraim Lessing in „Nathan der Weise" (▶ auch unter *Knall auf Fall)* verwendet:

> „[…] Der Mann will keinen Dank; will ihn so wenig
> Als ihn der Wassereimer will, der bei
> Dem Löschen so geschäftig sich erwiesen.
> Der ließ sich füllen, ließ sich leeren, **mir**
> **Nichts, dir nichts:** also auch der Mann. Auch der
> Ward nur so in die Glut hineingestoßen;
> Da fiel ich ungefähr ihm in den Arm;
> Da blieb ich ungefähr, so wie ein Funken
> Auf seinem Mantel, ihm in seinen Armen;

Bis wiederum, ich weiß nicht was, uns beide
Herausschmiß aus der Glut. – Was gibt es da
Zu danken? – In Europa treibt der Wein
Zu noch weit andern Taten. […]"
(Recha, Daja und der Tempelherr; Nathan der Weise, Dritter Akt, 2. Auftritt)

Mit (den) Händen zu greifen sein: offensichtlich, spürbar, so klar sein, dass es jeder sehen kann.

Mit Kind und Kegel: scherzhaft für „mit der ganzen Familie" ⇨ „Kegel" ist die mittelhochdeutsche Bezeichnung für „uneheliches Kind"; die Redewendung bedeutete also früher: „Mit ehelichen und unehelichen Kindern" (also selbst mit denen, die im engen Sinne nicht zur Familie gehören); der Ausspruch ist seit dem frühen 15. Jahrhundert belegt. In einer Zunftordnung für Schuhmacher hieß es beispielsweise 1470:

> „Kein meister soll einen knappen setzen, so er weiss undt offenbar ist, daz er ein Kegel ist."

Seit dem 17. Jahrhundert ist der Begriff „Kegel" nur noch in dem Ausspruch „Kind und Kegel" geläufig. Die Herkunft des Wortes „Kegel" ist nicht eindeutig geklärt; unter Umständen leitet es sich aus dem alten Begriff „Kebse" für die Nebenfrau eines Mannes bzw. „Kebskinder" als Bezeichnung für Kinder aus einem Konkubinat ab. Ein Sinnzusammenhang mit dem Kegel im Kegelspiel gilt trotz des Wortgleichklangs als unwahrscheinlich.

Mit Stumpf und Stiel ausrotten (vernichten, ausmerzen): etwas vollständig und radikal vernichten ⇨ Für die Redensart in der auch noch heute gebräuchlichen Bedeutung einer rücksichtslosen und rigorosen Vorgehensweise, finden sich bereits Belege im 16. Jahrhundert:

> „[…] das sie alle/ welche sich zu der reinen lehre des Euangelions bekenneten/ mit stumpff vnnd stiel auff den grund sollten außrotten."

(Valentin Thilo, Gründliche und Ordentliche beschreibunge allerley fürnemmer Händel […], Bd. 1, 1584)

Das Bild selbst hat seinen Ursprung in der früher üblichen Rodung eines Waldes, um eine landwirtschaftlich nutzbare Fläche zu schaffen: Man entfernte nicht nur die Baumstämme, sondern auch die Wurzelstümpfe. Ging es hingegen darum, den Wald weiterhin zu nutzen, gab es die Möglichkeit, nur die Stämme der (Laub-)Bäume zu entfernen und aus den Wurzelstümpfen neue Bäume wachsen zu lassen. Neuanpflanzungen von Wäldern in Form von Stecklingen oder kleinen Bäumen sind erst seit dem 18. Jahrhundert üblich.

Morgenstund(e) hat Gold im Mund(e): Frühes Aufstehen lohnt sich; wer früh am Morgen mit der Arbeit beginnt, erreicht viel. ↠ Schon früh wurde mit dieser Redensart das lateinische Sprichwort „Aurora musis anima" (Die Morgenstunde ist die Freundin der Musen) in der Bedeutung weitergegeben, dass man morgens am besten studieren/lernen könne. Die wörtliche Übersetzung ist womöglich aus diesem lateinischen Lehrbuchsatz entstanden: „Aurora habet aurum in ore": die (personifizierte) Göttin Morgenröte (Aurora), die Gold im Haar und im Mund trägt.

N

Nicht die hellste Kerze auf der Torte sein: nicht besonders klug sein, leicht dumm, begriffsstutzig sein ↠ Eine moderne Fassung der älteren Version „Keine große Leuchte/ kein großes Licht" sein. Erste Belege für die Variante „Kerze/Torte" finden sich ab dem Jahr 2009. Die Ursprungsversion hat die Grundlage in der Gleichsetzung des Lichts mit Erkenntnis, Klugheit und Wissen und ist als Bild („bessere Sichtbarkeit von beleuchteten Gegenständen") schon in der Antike bekannt; auch in der Bibel wird das Bild verwendet und die Erkenntnis mit der Hinwendung zu Gott verknüpft, z.B.:

> „Dein Wort ist meines fusses Leuchte/ vnd ein Liecht auff meinem wege."
> *(Psalm 119, 105, in der Fassung der Lutherbibel, Letzte Hand von 1545)*
> „Die Leuchte des HERRN ist des Menschen odem/ die gehet durchs gantze hertz." *(Sprüche 20, 27, wie vor)*

Die Leuchte im Sinne von „kluger Mensch" und damit auch das Gegenteil, eben keine Leuchte zu sein, kam erst im 19. Jahrhundert auf. Ein Beispiel findet sich in einem Artikel des Innsbrucker Tagblatts vom 22.4.1873, in dem es hieß: „Der Verblichene war keine Leuchte der Gelehrsamkeit".

Nicht mehr ein und aus wissen/weder ein noch aus wissen: keine Hoffnung mehr haben, nicht mehr weiterwissen, ratlos/hilflos sein.

P

Potz Blitz: eine veraltete Bezeichnung als Ausdruck der Verwunderung oder des Erstaunens, aber auch der Verärgerung ↠ Die Bezeichnung „potz" ist eine Verballhornung von „Gottes" und wurde bereits im Frühneuhochdeutschen im Zusammenhang mit dem Leiden Jesu Christi verwendet („botz/pocks").

S

Schaum vorm Mund haben: wütend sein ↠ Schaum vor dem Mund zu haben, kann ein Symptom für verschiedene Krankheiten sein, so z.B. ein

Lungenödem, Epilepsie oder Tollwut. Insbesondere eine Infektion mit dem Tollwut-Virus kann neben dem Schaum vor dem Mund auch ein sehr aggressives Verhalten zur Folge haben; offenkundig beruht die Redensart auf diesem Zusammenhang.

Schaut dem Volk aufs Maul ▶ *Dem Volk aufs Maul schauen*

Spontisprüche/Spontis: Spontis waren (in den 1970er bis in die 1980er Jahre hinein) Gruppen linksgerichteter politischer Aktivisten, die sich als Nachfolger der außerparlamentarischen Opposition (APO) und der 68er-Bewegung sahen. Sie hielten die „Spontanität der Massen" für das revolutionäre Element der Geschichte. Verbreitet war die „Sponti-Szene" vor allem in Studentenstädten, u. a. in West-Berlin und Frankfurt am Main. Das Sprachrohr der Frankfurter Spontis war die Zeitschrift „Pflasterstrand" (1976–1990), ihre politische Organisation war zeitweise der „Revolutionäre Kampf". Zu den Prominenten, die aus dem Frankfurter Sponti-Milieu hervorgingen, gehören Joschka Fischer und Daniel Cohn-Bendit. Sehr beliebt waren die sogenannten „Sponti-Sprüche", die – im Zuge der westdeutschen Studentenbewegung der 1960er Jahre, aus der Sponti-Szene selbst oder auch von Publizisten erfunden und den Spontis zugeschrieben – zu Hunderten in den Medien verbreitet wurden, z. B. „Freiheit für Grönland! Weg mit dem Packeis!" oder „Gestern standen wir noch vor einem Abgrund. Heute sind wir schon einen großen Schritt weiter." Ihnen zugeschrieben werden auch (teils verniedlichende) Kurzwörter und die Verkürzung bei Substantiven, die sich bis heute in Kreisen der Jugendkultur erhalten hat, wie etwa „Konsti" für Konstablerwache oder „Venti" für Ventilator.

Spontisprüche generierten sich oft aus herkömmlichen Sprichwörtern oder Redewendungen, die provokativ verändert wurden; es wurden aber auch völlig eigenständige Kreationen erfunden. Manche Sprüche entstanden aus Jux, andere hatten einen ernsten Hintergrund und/oder enthielten deutliche, auch gewaltbejahende, politische Aussagen.

Bekannte Beispiele:

- Der Klügere gibt solange nach, bis er der Dumme ist.
- Die Scheibe klirrt, der Sponti kichert, hoffentlich Allianz-versichert.
- Du hast keine Chance, aber nutze sie!
- Ich finde alles Scheiße. Wo ist das Fundbüro?
- Ich geh kaputt – gehst du mit?
- Legal, illegal, scheißegal.
- Liberté, Égalité, Pfefferminztee.

- **Macht kaputt, was euch kaputt macht!** – Text auch als Single der Rockgruppe *Ton Steine Scherben* 1970; die Gruppe mit ihrem Frontmann Rio Reiser war musikalisches Sprachrohr des linksalternativen Spektrums.
- **Nonsens statt Konsens**
- **Schlagt die Germanistik tot, färbt die blaue Blume rot!** – Eine Anspielung darauf, dass die Germanistik als erstarrte und teilweise völkische Wissenschaft empfunden wurde. ▶ *Blaue Blume in der „Wörterliste"*
- **Sprühen bringt Beton zum Blühen.**
- **Unter dem Pflaster liegt der Strand.** – Eine Anspielung darauf, dass Straßenpflaster häufig in einem (verdichteten) Sandbett verlegt wird und Pflastersteine eine beliebte Waffe im Straßenkampf waren und bis heute sind; der Spruch verbindet so Hedonismus mit Militanz. Die französische Version „Sous les pavés, la plage!" war bei den Pariser Unruhen im Mai 1968 populär. Der Name der Zeitschrift „Pflasterstrand" geht ebenso darauf zurück wie der Titel der anarchistischen Kulturzeitschrift „Unter dem Pflaster liegt der Strand" (1974–1985).
- **Unter den Talaren – Muff von 1000 Jahren** – Text auf einem Transparent, das am 9. November 1967 in der Universität Hamburg enthüllt wurde; der Spruch, der kritisch auf das „1000-jährige Reich" der Nationalsozialisten anspielte, dessen Modergeruch wegen mangelnder Aufarbeitung den Universitäten noch immer anhafte, gehört zu den Kernparolen der Studentenbewegung und wird bis in die Gegenwart häufig zitiert.
- **Wer nicht genießt, wird ungenießbar.**
- **Wer zweimal mit derselben pennt, gehört schon zum Establishment.**
- **Wissen ist Macht. Wir wissen nichts. Macht nichts**; auch in der Variante: **Wissen ist Macht, ich weiß nichts, macht nichts.** Der Urheber des Spruches ist unbekannt. Seit den 1970er Jahren verbreitete sich diese Sponti-Parole als Persiflage der Aussage „Wissen ist Macht", die auf den englischen Philosophen Francis Bacon (1561–1626) zurückgeht.

U

Unter jedem Dach ist ein Ach: andere haben auch Sorgen ↪ Das „Ach" steht hier als Ausdruck des Wehklagens und der Sorge. Der Ausruf „Ach" ist seit dem 10. Jahrhundert nachgewiesen und mit dem Wort „Ächzen" verwandt.

V

Veni, vidi, vici ▶ *Ich kam, sah und siegte*

Volkes Mund tut Wahrheit kund: Die „Stimme des Volkes" d.h. das Votum der Mehrheit bestimmt die Wahrheit. ↪ Ggfs. Herleitung aus dem Spruch

„Volkes Stimme ist Gottes Stimme" in der Bedeutung: Die öffentliche Meinung hat ein großes Gewicht und sollte dementsprechend gebührend berücksichtigt werden. Der Ursprung dieser Redewendung geht auf ein Stück des griechischen Dichters Hesiod (um 700 v. Chr.) zurück, in dem über das Gerede der Leute befunden wurde, dass ein Gerücht nie völlig verstumme, wenn viele Menschen es weiterverbreiteten; das Gerücht sei dann selbst eine Gottheit. Im Mittelalter findet sich für diesen Spruch die lateinische Form „Vox populi vox Dei" = „Volkes Stimme (ist) Gottes Stimme". Es gibt einige Abwandlungen des Spruchs in der Bedeutung, dass z. B. Kinder oder Narren in ihrer naiven Art sagten, was sei: „Kindermund tut Wahrheit kund"; „Von Kindern und Narren kannst du die Wahrheit erfahren" (engl.: „Children and fools tell the truth"); oder auch (derb): „Kinder und Besoffene sagen die Wahrheit".

W

Was juckt es die Eiche, wenn sich die Sau an ihr reibt? Was kümmert es mich, wenn sich andere über mich ärgern? (ein überheblicher Mensch zu einem angeblich oder tatsächlich niedriger gestellten), aber auch: Man sollte sich nicht von jeder einzelnen Kritik irritieren lassen; gegen ignorantes Verhalten kommt man manchmal nicht an. ⇆ Die Redewendung in der vorliegenden Form ist seit 1933 gebräuchlich. Es gibt zahlreiche Varianten, z.B. „Was kümmert es die stolze Eiche, wenn sich ein Schwein an ihrer Rinde reibt?"; „Was kratzt es die Eiche, wenn sich eine Wildsau an ihr scheuert?" Quelle für das Sprichwort ist die Eiche als überliefertes Symbol für Beharrlichkeit, Würde, Standhaftigkeit:

> „Kennzeichen der eiche sind stärke, höhe und lange dauer, sie ist königin aller bäume." *(Grimm, Deutsches Wörterbuch, Bd. 3, 1862, Nachdruck 1984, S. 78)*

Weder ein noch aus wissen ▶ *Nicht mehr ein und aus wissen*

Wer Wind sät, wird Sturm ernten: Wer etwas Schlechtes tut, dem wird man das entsprechend heimzahlen. Etwas Böses wird mit einem noch größeren Übel vergolten werden. Wer andere angreift, wird mit heftiger Gegenwehr zu rechnen haben. ⇆ Das Sprichwort wird sowohl als Kommentar zu einer erfolgten (Gegen-)reaktion, als auch in Form einer Drohung für ein Vorhaben verwendet, das üble Konsequenzen nach sich ziehen könnte. Der Ausspruch ist aus der Bibel abgeleitet, wo es wörtlich heißt:

> „Denn sie seen Wind/ vnd werden Vngewitter einerndten/ Jr Saat sol nicht auffkomen/ vnd jr Gewechs kein mehl geben/ und obs geben würde/ sollens doch Fremde fressen." *(Hosea 8,7, Lutherbibel, Letzte Hand, 1545)*

> „Denn sie säen Wind und werden Sturm ernten. Ihre Saat soll nicht aufgehen; was dennoch aufwächst, bringt kein Mehl; und wenn es etwas bringen würde, sollen Fremde es verschlingen."
>
> *(Hosea 8,7, Lutherbibel, Ausgabe 1975)*

Wie die Alten sungen, so zwitschern auch die Jungen: So wie die Alten handeln, handelt auch die Jugend. Die Kinder folgen oft dem Beispiel der Eltern. ⮕ Das Motiv findet sich bereits in der Genremalerei des 15. Jahrhunderts, beispielsweise in den beiden Bildern des niederländischen Malers Jan Havickszoon Steen (um 1626–1679) mit den Titeln: „So de Oude songen, so pypen de Jongen" (um 1663) oder „Wie die Alten sungen, so zwitschern auch die Jungen" (um 1663–1665).

X

X für ein U vormachen, jemandem ein ▸ *Ein X für ein U vormachen*

Z

Zahn der Zeit, der, nagt an jemandem/einer Sache: Die Zerstörungskraft des Alterns macht sich bemerkbar; etwas verschleißt, ein Mensch wird gebrechlich. ⮕ Die Redewendung von der „scharfzahnigen Zeit" als Symbol für Vergänglichkeit gebraucht schon der griechische Dichter Simonides von Keos (557/556–468/467 v. Chr.). Populär wurde der Ausspruch durch die Komödie „Maß für Maß" („Measure for Measure", gedruckt erschienen 1623) von William Shakespeare (1564–1616), in dem der Begriff „The tooth of time" im 5. Akt, 1. Szene vorkommt:

> „O! Solch Verdienst spricht laut; ich tät ihm unrecht,/ Schlöss' ich's in meiner Brust verschwiegne Haft./ Da es verdient, mit erzner Schrift bewahrt/ Unwandelbar dem Zahn der Zeit zu trotzen,/ Und des Vergessens Sichel. [...]"
>
> aus: *Maß für Maß*, 5. Aufzug, Erste Szene; Der Herzog von Wien zu seinem Statthalter Angelo; übersetzt von Ludwig Tieck, in: William Shakespeare, Dramatische Werke, Bd. 2, Leipzig 1927, S. 326)

Das Stück „Maß für Maß" gehört zu den sog. Problemstücken Shakespeares, da es sich bis heute einer klaren Deutung entzieht; die unterschiedlichen Interpretationsbeiträge sind kaum mehr zu überblicken. Die Redewendung „Zahn der Zeit" wurde im Deutschen seit dem Barock sehr häufig gebraucht, besonders stark im 18. Jahrhundert. Heinrich Heine fand die Wendung so abgegriffen, dass er sie zwar nutzte, aber persiflierte:

> „Zu den Merkwürdigkeiten der Stadt [Hamburg] gehören: [...] 3. Die schöne Marianne, ein außerordentlich schönes Frauenzimmer, woran **der**

Zahn der Zeit schon seit zwanzig Jahren kaut – nebenbei gesagt, „der Zahn der Zeit" ist eine schlechte Metapher, denn sie ist so alt, daß sie gewiß keine Zähne mehr hat, nämlich die Zeit – die schöne Marianne hat vielmehr jetzt noch alle ihre Zähne und noch immer Haare darauf, nämlich auf den Zähnen."

(Heinrich Heine: Aus den Memoiren des Herren von Schnabelewopski. Erstes Buch, Kapitel III, Erstdruck in: Der Salon, Bd. 1, Hamburg 1834)

Zum Haare raufen sein: etwas ist enttäuschend, sehr ärgerlich oder zum Verzweifeln; eine ähnliche Bedeutung hat „Sich die Haare raufen". Wer sich die Haare rauft, weiß vor Ratlosigkeit oder Verzweiflung nicht, was er tun soll. ↩ Das mit „rupfen" und „reißen" verwandte Verb „(aus-)raufen" bedeutet stark ziehen, ausrupfen. Die Redensart spielt auf eine alte Verhaltensweise bei Totenklagen an, die in vielen Kulturkreisen vorgenommen wurde, beispielsweise im alten Ägypten.

Zum Teufel (sein/gehen): kaputtgehen, zerstört werden, entzwei gehen, aber auch: Etwas ist verloren oder geht verloren. ↩ Was beim Teufel ist, kehrt nicht zurück. Belegt seit dem 18. Jahrhundert. Mit „Teufel" werden alle möglichen Formen negativer Sachverhalte kommentiert. Der Teufel als Widersacher Gottes und Urheber für alle menschlichen Irrungen und Wirrungen, als Fürst der Hölle, gilt als verabscheuungswürdige Gestalt und eignet sich daher seit jeher für Flüche und Entsetzensausrufe. Der Ausruf „Zum Teufel!" als Kurzform zu „Scher dich zum Teufel!" ist beispielsweise seit 1600 belegt. Kurt Tucholsky verwendete den Ausspruch im Jahr 1920 unter dem Pseudonym Ignaz Wrobel:

„Wenn bei uns die Ideen populär werden, dann bleibt die Popularität, die Idee geht gewöhnlich zum Teufel."

Quellen im Internet

https://www.redensarten-index.de/suche.php
https://praxistipps.focus.de/butter-bei-die-fische-daher-kommt-die-redewendung_115904
https://www.duden.de/woerterbuch
https://www.staff.uni-mainz.de/pommeren/Gedichte/fontane2.html
http://www.zeno.org/Literatur/M/Fontane,+Theodor/Gedichte/Gedichte+(Ausgabe+1898)
https://www.faz.net/aktuell/feuilleton/sprichwortgespenst-schiller-schafft-11706667.html
https://praxistipps.focus.de/des-pudels-kern-bedeutung-und-herkunft-des-zitats_95781

https://de.wikipedia.org/wiki/Hanns_Joachim_Friedrichs
https://www.verfassungsschutz.de/de/oeffentlichkeitsarbeit/newsletter/newsletter-archive/bfv-newsletter-archiv/bfv-newsletter-2019-02-archiv/bfv-newsletter-2019-02-thema-05
https://www.duden.de/rechtschreibung/veni__vidi__vici
https://en.wikipedia.org/wiki/Veni,_vidi,_vici
https://beruhmte-zitate.de/autoren/karl-raimund-popper/
https://www.teachsam.de/deutsch/d_ubausteine/aut_ub/les_ub/les_nathan_ub/les_nathan_8_7_ub_1.htm
http://www.zeno.org/Literatur/M/Lessing,+Gotthold+Ephraim/Dramen/Nathan+der+Weise
https://www.bibel-online.net/buch/luther_1545_letzte_hand/
http://www.zeno.org/Literatur/M/Luther,+Martin/Luther-Bibel+1912
https://www.kindermund.net/kindermund-tut-wahrheit-kund
http://woerterbuchnetz.de/cgi-bin/WBNetz/wbgui_py?sigle=DWB
http://www.zeno.org/Literatur/M/Heine,+Heinrich/Erzählprosa/Aus+den+Memoiren+des+Herren+von+Schnabelewopski/Kapitel+3
https://www.mymoria.de/de/magazin/gedenken-rund-um-den-globus-trauer-rituale-in-anderen-laendern
https://tucholsky.de/wenn-bei-uns-die-ideen-populaer-werden/

Abruf aller Seiten letztmalig am 27.9.2020

Die erste vollständige Bibelübersetzung von Martin Luther 1534, Druck Hans Lufft in Wittenberg

Wörterliste I

Ich gestehe! Diese Antwort war am schwersten:
Wie mach ich das am fairsten?
Lol Vinyl? Die Antwort verrät das Alter, Alter!
Mein Kalkül: Ich erkläre alles, gebe meinen lieben Lesern
das flauschige Gefühl: Ach, was bin ich froh!
Die Autorin ist ja dumm und ich nicht ebenso!

Quellen im Internet

http://hehl-rhoen.de/pdf/lexikon_der_jugendsprache.pdf
https://www.stefanscheffler.com/literaturschnipsel-iv/
https://www.duden.de/
https://www.wikipedia.de/
https://www.redensarten.net/xanthippe/
https://deacademic.com/dic.nsf/dewiki/309531/De_mortuis_nihil,_nisi_bene
https://wortwuchs.net/schuettelreim/
https://www.jugend-musiziert.org/
https://www.sueddeutsche.de/kultur/corona-andere-bedeutung-1.4853423
https://www.netzwelt.de/abkuerzung/171572-wofuer-steht-wtf.html
https://www.taschenhirn.de/wissenschaft/beste-erfindungen/
https://www.die-goetter.de/aphrodite-die-schoenste-und-goettin-der-liebe

Abruf aller Seiten letztmalig am 23.9.2020

A

Aber bitte mit Sahne: Lied des Komponisten und Sängers Udo Jürgens (1934–2014) aus dem Jahr 1976.

A. D.: (lat.) *Anno Domini*; im Jahre des Herrn (*anno Domini nostri Jesu Christi*)

Aluhut: Abkürzung für Aluminiumfolien-Hut, eine Kopfbedeckung, die aus einer oder mehreren Lagen Aluminiumfolie oder vergleichbarem Material hergestellt ist. Begriff und Verwendung wurden zuerst in einer 1927 veröffentlichten Science-Fiction-Geschichte erwähnt. Der Protagonist entdeckt darin, dass Kappen aus Metallfolie die Effekte von Telepathie blockieren können. Seitdem wird der Begriff mit Paranoia und Verschwörungstheorien in Verbindung gebracht. Der Ausdruck kann sowohl auf andere angewandt als auch selbstironisch gebraucht werden; auch Argumente können als „aluhutartig" bezeichnet werden.

B

Beelzebub: in der Mythologie die Bezeichnung für einen Dämonen, im übertragenen Sinne auch ein Synonym für Teufel; hebräisch und arabisch wörtl. *Baal Zebub,* „Herr der Fliegen"; altgriech. Βεελζεβούλ, *Belzeboúl;* lat. *Beelzebūb*. Im rabbinischen Hebräisch hat *Beelzebul* die Bedeutung „Herr des Misthaufens", abgeleitet vom hebräischen Wort *zabal* („düngen"), das die Rabbiner zur Umschreibung des Götzendienstes verwendeten. In der neutestamentarischen Bibel findet sich, je nach Übersetzung, sowohl *Beelzebul* als auch *Beelzebub*. Die Redewendung „Den Teufel durch Beelzebub austreiben" geht ebenfalls auf die Bibel zurück (Lukas 11, 15) und bedeutet sinngemäß, ein Übel mit einem genauso schlimmen oder schlimmeren zu bekämpfen.

Darstellung des Beelzebub im *Dictionnaire Infernal*, dem *Höllischen Wörterbuch der Dämonologie*; Erstveröffentlichung 1818; Abb. hier: 1863

Blaue Blume: Die blaue Blume ist ein zentrales Symbol der Romantik; sie steht als Sinnbild für die Ewigkeit, die Sehnsucht nach Liebe, aber auch als Symbol für die Wanderschaft. Als Erster verwendete der Dichter Novalis (1772–1801) dieses Symbol in einem Romanfragment. Eine bestimmte Blume ist dem Begriff nicht zugeordnet; die blaue Blume ist eine Art Offenbarung, der Weg in die geheimnisvolle Welt des Himmels und des Geistes.

C

Carpe diem: (lat.) wörtlich „Pflücke den Tag"; im übertr. Sinn „Nutze den Tag!" „Genieße den Augenblick!" (bildungssprachlich) – Der Ausdruck geht zurück auf den römischen Dichter Horaz (65 v. Chr.–8 v. Chr.).

Chapeau: (franz) wörtlich „Hut", im übertr. Sinn „Hut ab! Alle Achtung!", „Respekt!" (bildungssprachlich)

Chemtrails: zusammengesetztes Wort aus den englischen Begriffen *Chemicals* (Chemikalien) und *Contrails* (Kondensstreifen); eingedeutscht sinngemäß „Chemikalienstreifen" bzw. „Giftwolken"; der Begriff wird im Zusammenhang mit einer seit den 1990er Jahren verbreiteten Verschwörungstheorie für eine angeblich spezielle Art von Kondensstreifen verwendet, die auf die absichtliche weltweite Ausbringung von Chemikalien zurückgingen, die bei regulärem Betrieb der Flugzeugmotoren niemals vorkämen.

Condamnieren: verurteilen, Subj.: Condamnation; aus dem Französischen *fait de condamner (*veraltet; nicht mehr gebräuchlich)

Codex/Kodex, der: (im römischen Recht) Gesetzessammlung

Corona (Korona), die, der, das: (lat./griech.) wörtl. „Kranz, Krone"; griech. „Ring"; unterschiedliche Bedeutungen, u. a.: 1. Korona (veraltend): eine Gruppe, Ansammlung von (jüngeren) Menschen, die gemeinsam etwas unternehmen. 2. (veraltend) eine Gruppe randalierender Jugendlicher; Horde; 3. Automarke (Toyota Corona); 4. Mexikanische Biersorte (*„Die Sonne aus der Flasche"*); 5. Coronavirus (…)

D

Daddeln: (umgangssprachlich) spielen, zocken, gamen

Deduktion: 1. Ableitung des Besonderen/Einzelnen vom Allgemeinen; Erkennen des Einzelfalls durch ein allgemeines Gesetz (Philosophie); 2. Ableitung von Aussagen aus anderen Aussagen mithilfe logischer Schlussregeln (Kybernetik).

Dekapitation: von franz. *décapiter* „enthaupten"; lat. *caput* „Kopf"; die gewaltsame Abtrennung des Kopfes vom Rumpf, entweder als aktive Handlung zum Zwecke der Hinrichtung oder infolge einer Unfallverletzung

Detektion: das Feststellen, Aufspüren (mit bestimmten wissenschaftlich-technischen Methoden)

Derwisch, der: aus dem Persischen; wörtlich „Armer, Bettler" oder „Wanderer"; im übertragenen Sinne „Bettelmönch". Als Derwische werden Anhänger eines islamischen religiösen asketischen Ordens bezeichnet, die für ihre Bescheidenheit und Disziplin bekannt waren. Derwische gelten als Quelle der Klugheit, der Heilkunst, der Poesie und der Weisheit.

Doge: (italien. Dialektwort); der Titel gewählter Oberhäupter in italienischen Republiken des Mittelalters und der frühen Neuzeit.

E

Edelfeder: renommierter Schriftsteller oder (insbes.) Journalist, der besonders kultiviert und anspruchsvoll schreibt (leicht spöttisch)

Elle, die: frühere Längeneinheit (ca. 55–85 cm) bzw. Bezeichnung für einen Maßstock von der Länge einer Elle

Erfindungen von Männern: Auto (Carl Benz, 1885–1886), *Buchdruck* (Johannes Gutenberg, 1445–1454), *Computer* (Konrad Zuse, 1941), *Eis am Stiel* (Frank Epperson, 1905), *Flugzeug* (Gustav Weißkopf, Gebr. Wright, 1901/1903), *Gummibärchen* (Hans Riegel, Bonn = Haribo, 1922), *Handy* (Martin Cooper; GSM, 1973–1983), *Licht* (Thomas Edison, 1879), *Smiley* (Harvey Ball, 1963), *Supermarkt* (Clarence Saunders, 1916), *Teddybär* (Richard Steiff, 1902), *Thermosflasche* (Reinhold Burger, 1903)

(Audiatur) et altera pars: (lat.) „Man höre auch die andere Seite"; ein Grundsatz des römischen Rechts, der bedeutet, dass der Richter alle am Prozess Beteiligten zu hören hat, bevor er sein Urteil fällt. Der römische Philosoph, Dichter und Naturforscher Seneca († 65 n. Chr.) formulierte den Grundsatz schon in der Medea-Sage: „Wer ein Urteil ohne Anhören der zweiten Seite fällt, ist ungerecht, wenn er auch ein gerechtes Urteil fällte." Im deutschen Recht findet sich dieser Gedanke in dem aus dem Mittelalter stammenden Rechtssprichwort: *„Enes Mannes Rede ist nur die halbe Rede, man soll sie billig hören beede."* Moderne Rechtsordnungen artikulieren *audiatur et altera pars* als ein zentrales Verfahrensgrundrecht, das in Deutschland im Art. 103 des Grundgesetzes seine Entsprechung findet (Anspruch auf rechtliches Gehör).

F

Flatland: eine 1884 von Edwin Abott Abott [sic!] unter dem Pseudonym A. Square veröffentlichte satirische Novelle über die Struktur der Viktorianischen Gesellschaft und zugleich ein mathematisches Essay über die vierte Dimension (Deutscher Titel: „Flächenland")

Fck: Abkürzung für *Fuck,* ein Vulgärausdruck der modernen englischen Sprache und eines der weltweit bekanntesten Schimpfwörter

Forever Young: Titel eines US-amerikanischen Spielfilms aus dem Jahr 1992

H

Halali: a) Jagdruf, wenn das Wild auf einer Hetzjagd von der Hundemeute gestellt ist („Das Halali erschallt"); b) Signal, das das Ende einer Jagd anzeigt („Das Halali blasen"); c) Ende der Jagd („Zum Halali blasen"). Bei einer Gesellschaftsjagd wird zur Ehre des Wildes die Jagdstrecke gelegt, die Erleger werden geehrt, und die erlegten Wildarten werden mit den entsprechenden Totsignalen verblasen.

Hamid: arabischer männlicher Vorname, übers.: „Der Lobenswerte"

Hedonismus, der: eine in der Antike begründete philosophische Lehre bzw. Anschauung, nach der das höchste ethische Prinzip das Streben nach Sinnenlust und -genuss ist und das private Glück in der dauerhaften Erfüllung individueller physischer und psychischer Lust gesehen wird.

J

J'existe: (franz.) „Ich existiere." (Spruch auf einer Autobahnbrücke im Vaucluse)

Jugend musiziert: renommiertestes Musikförderprojekt Deutschlands, bei dem in den 57 Jahren seines Bestehens rund eine Million Kinder und Jugendliche mitgemacht haben. Für viele von ihnen war dies der erste Schritt in eine erfolgreiche Musikkarriere.

Julianischer Kalender: einer der ältesten Solarkalender und Vorläufer des heute üblichen gregorianischen Kalenders. Der Name geht auf Julius Caesar zurück, der ihn im Jahr 45 v. Chr. im Römischen Reich einführte. Der julianische Kalender wird heute in der Wissenschaft auch für die Jahre vor dem Wirken Caesars verwendet.

K

Koben, der: Verschlag; Stall, besonders für Schweine

Konkubinat, das: eheähnliche Gemeinschaft ohne Eheschließung

Korona ▶ Corona

L

Lol: (engl.) Abkürzung für *Laughing out loud*, wörtl. „laut herauslachend"; kommt ursprünglich aus der EDV-Sprache, wird im geschriebenen Text (inzwischen zunehmend auch mündlich) verwendet, um große Heiterkeit auszudrücken.

M

Malad: (veraltend) krank, schlecht, sich unwohl, elend fühlend

Mauli: div. Bedeutungen, hier von Demonstranten als Abkürzung für „Maulbacher Wald", gebraucht; angrenzend „Danni" (Dannenröder Forst) und „Herri" (Herrenwald); ein Mischwaldgebiet im Bereich Stadt Allendorf/ Mittelhessen, in dem ab Herbst 2020 Teilbereiche für den Weiterbau der A49 zwischen Gießen und Kassel gerodet werden.

Minnesang: die schriftlich überlieferte, hoch ritualisierte Form der gesungenen Liebeslyrik, die der westeuropäische Adel etwa von der Mitte des 12. bis zur Mitte des 13. Jahrhunderts pflegte. Die im Minnesang verwendete

Version des Hochdeutschen ist der erste bekannte Versuch einer Vereinheitlichung der deutschen Literatursprache. Erst 400 Jahre später erfolgte der zweite Versuch durch Martin Luther. Im Spätmittelalter (ab etwa 1250) lösten andere Gattungen den höfisch-ritterlichen Minnesang ab.

Modern Talking: Name des Popmusik-Duos aus Thomas Anders und Dieter Bohlen; die beiden gehören zu den Interpreten mit den am meisten verkauften Tonträgern in Deutschland; 2003 hat sich das Duo aufgelöst.

Mohr: „Afrikaner, Neger" (heute selten), althochdeutsch *mōr* (8. Jh.), mittelhochdeutsch *mōr(e)* Bewohner Mauretaniens (Marokkos), Äthiopiens, allgemein auch „Mensch mit dunkler Hautfarbe" (vgl. mittelhochdeutsch *swarzer mōr*); entlehnt aus lat. *Maurus* „Bewohner der nordafrikanischen Provinz Mauretanien", griech. *Mǎuros* (Μαῦρος). Erst vom 16. Jahrhundert an gilt *Mohr* ausschließlich für „Neger". Vgl. mittelhochdeutsch *hellemōr* „Höllenmohr", d. i. „der Schwarze der Hölle, Teufel". Insbes. im Zusammenhang mit der Benennung und Darstellung auf Städtewappen, in Kirchen, bei Handwerkern: der *Heilige Mauritius*, lat. auch *Mauricius*, deutsch: *Moritz*, der seit dem 4. Jh. in der katholischen und orthodoxen Kirche als Märtyrer verehrt wird, weil er sich weigerte, gegen Christen zu kämpfen. Die älteste bekannte Überlieferung stammt von Eucherius, der zwischen 438 und 450 in Lyon als Bischof wirkte. Zahlreiche Kirchen und Klöster stehen unter der Schutzherrschaft des Heiligen; außerdem ist er der Schutzpatron für alle Handwerker, wie Färber, Messer-, Waffenschmiede, aber auch Hutmacher, Glasmaler und Salzsieder. Von Anfang an wurde Mauritius als römischer Offizier im Kettenhemd abgebildet, seit einer Darstellung in Magdeburg im 13. Jh. wird er überwiegend als schwarzer Mauretanier (Mohr) gezeigt; auch Städtewappen stellen ihn

Darstellung des heiligen Mauritius als Mohr im Magdeburger Dom St. Mauritiums (ca. 1250)

mehrheitlich als Mohren dar; damit ist er der einzige Heilige, der im Mittelalter als Mensch mit dunkler Hautfarbe gezeigt wurde. Der Mohr taucht außer als deutscher Nachname auch in zahlreichen Straßen-, Gaststätten- und Apothekenbezeichnungen auf. Rund einhundert Apotheken in Deutschland haben den „Mohren" im Namen; für die teils über Generationen geführten Häuser drücken der Begriff, aber auch entsprechende Embleme oder Figuren eine besondere Wertschätzung für die Heilkunst der Mauren aus Nordafrika aus, die diese einst ins rückständige Europa brachten; weitere Bedeutung: *Mohrenkopf*: rundes. süßes Gebäck mit Schokoladenüberzug (19. Jh), in der Schweiz noch gebräuchlich, in Deutschland: Schaumkuss.

Move, der: (engl.) „bewegen, Bewegung"; Bedeutungen: Bewegung bzw. fester Bewegungsablauf insbesondere im Breakdance; Schritt zur Steuerung spezieller Features (Eigenschaften) bei Computerspielen; in der Jugendsprache in Kombination mit Vulgärausdrücken abwertend, z.B. *Kackmove.*

N

Nil nisi bene: (lat.) vollständig: *De mortuis nil/nihil nisi bene [dicendum]*, wörtl. „Über die Toten nur auf gute, d.h. angemessene Weise [sprechen]"; über Gestorbene nichts Böses sagen.

N.N.: (lat.) 1. *Nomen nescio* „Ich weiß den Namen nicht"; die Existenz der Person ist sicher, aber nicht ihr konkreter Name; 2. *Nullum nomen* „Der Name wird nicht genannt", beispielsweise aus Sicherheitsgründen; 3. *Nomen nominandum* „Der Name ist noch zu benennen", vor allem in Ankündigungen, wenn die namentliche Besetzung noch nicht feststeht; 4. *Numerius Negidius* (aus dem Römischen Recht): Da ohne Ansehen der Person Recht gesprochen wurde, erhielten die Parteien fiktive Namen anstelle ihrer Eigennamen; *Numerius Negidius* entspricht dabei in etwa der deutschen Bezeichnung „Der Beklagte".

Nolens volens: (lat.) wohl oder übel (bildungssprachlich)

Nomen est omen: (lat.) „Der Name deutet schon darauf hin."(bildungssprachl.)

O

Œvre, das: Gesamtwerk eines Künstlers, einer Künstlerin

P

Parnass, der: (dichterisch veraltet) das Reich der Dichtkunst; kommt aus dem Griechischen *(Parnassós)* und bezeichnet in der Wortbedeutung den griechischen Gebirgszug, in dem nach der griechischen Mythologie der Gott Apollo und die Musen wohnten

Pönale, das *oder* ***die***: Buße, Strafe, auch i.S. von Strafgebühr, Strafgeld. Der Begriff ist in Österreich noch gebräuchlich, sonst veraltet.

PoC: ausgesprochen [piː-əʊ-siː] steht als Abkürzung für unterschiedliche Begriffe; gemeint ist hier *Person of colo(u)r* (Plural *People of Colo(u)r)* „Mensch(en) von Farbe". Außer als PoC auch als BPoC *(Black and People of Color)* oder BIPoC *(Black, Indigenous and People of Color)* verwendet. Es handelt sich um Begriffe aus dem anglo-amerikanischen Raum, die Personen(gruppen) beschreiben, die Rassismus ausgesetzt sind. Der Ausdruck *People of Color* wurde erstmals 1781 verwendet.

Poubelle, la: (franz.) Mülleimer

Pour la belle: (franz.) „Für die Schöne"

Pronto: (italien.) „bald"; oft salopp verwendet: Jetzt aber pronto! Los jetzt!

Prof: schriftl. Abkürzung für Professor (mündl. umgangssprachlich)

R

Rappel: (franz.) „Erinnerung, Mahnung"; Hinweis unterhalb eines Verkehrsschildes, der daran erinnert, dass das beschriebene Ge-/Verbot immer noch gilt.

Rappeldürr: klapperdürr, sehr dürr, mager, mit starken, deutlich hervortretenden Knochen; umgangsspr. auch als Subjektiv (Dürr-/Dörr-)Gerappel.

Random: (engl.) „zufällig, beliebig, wahllos"; in der Jugendsprache nicht nur für Personen verwendet, sondern auch für Gegenstände, Situationen oder Aktionen, die völlig ohne Zusammenhang und willkürlich auftauchen.

Requiem, das: Totenmesse in der katholischen Kirche; Herkunft: spätmittelhochdeutsch *requiem*, nach den ersten Worten des Eingangsverses der römischen Liturgie *„requiem aeternam dona eis, Domine"* („Herr, gib ihnen die ewige Ruhe").

S

Schaumgeborene: Umschreibung für die Göttin Aphrodite (römisch Venus), die nach der griechischen Mythologie aus dem Schaum vor der Insel Zypern geboren wurde. Aphrodite galt als die Göttin der Liebe, der Schönheit und der Sinneslust.

Schüttelreim: Sonderform des Doppelreims. Meist werden die Anfangskonsonanten eines Reimpaars vertauscht und so zu einem neuen, oft humorigen, Sinn zusammengefügt. Der Schüttelreim ist eine im deutschen Sprachraum seit dem 13. Jahrhundert bekannte Gedichtform. Seit dem 19. Jahrhundert werden Schüttelreime hauptsächlich für vergnügliche Zweizeiler verwendet. Beispiel: „Es klapperten die Klapperschlangen, bis ihre Klappern schlapper klangen."

Shit: umgangssprachliche Bezeichnung für Haschisch

Shitstorm, der: zusammengesetztes Wort aus (engl.) *shit* (Scheiße) und *storm* (Sturm); Sturm der Entrüstung in einem Kommunikationsmedium des Internets, der zum Teil mit beleidigenden Äußerungen einhergeht.

sic!: (lat.) sīc = so, wirklich so; vollständig: *sīc erat scriptum:* „So stand es geschrieben") wird, oft auch in [eckigen Klammern mit Ausrufezeichen!] als redaktionelle Ergänzung u. a. in Zitaten verwendet, um darauf hinzuweisen, dass eine Quelle korrekt zitiert wurde, z. B. auch mit einem Rechtschreibfehler, also vom Zitierenden gegenüber dem Original nicht verändert worden ist.

StGB: Abkürzung für Strafgesetzbuch

Stratford-upon-Avon: Stadt in der englischen Grafschaft Warwickhire; Geburts- und Sterbeort von William Shakespeare (1564–1616).

Subito: (italien.) schnell, sofort

Soirée (Soiree), die: exklusive Abendgesellschaft, festlicher Abendempfang

T

Tenne, die: festgestampfter oder gepflasterter Platz in einer Scheune, der früher zum Dreschen des Getreides diente.

Thinktank: Der Begriff kommt ursprünglich aus dem Militärischen und bezeihnete einen abhörsicheren Raum für die Arbeit an strategischen Konzepten (wörtl.: „Denkpanzer"). Heute wird der Begriff weitgehend mit „Denkfabrik" übersetzt und bezeichnet Einrichtungen, Gesellschaften oder Institute, deren Gemeinsamkeit (meistens, nicht immer) darin besteht, auf die Politik Einfluss nehmen zu wollen. Einige „Denkfabriken" vertreten bestimmte politische oder ideologische Positionen, andere sind informelle Gruppen, beispielsweise an Universitäten, die Studien erstellen oder publizieren. Eine einheitliche Definition für den Begriff gibt es nicht.

Tit for Tat: engl. Redewendung, frei übersetzt etwa „Wie du mir, so ich dir" oder „Auge um Auge". In der Spieltheorie bezeichnet „Tit for Tat" die Strategie eines Spielers, der in einem fortgesetzten Spiel im ersten Zug kooperiert (sich „freundlich" verhält) und danach genauso handelt wie der Gegenspieler in der vorausgehenden Spielrunde. Hat der Gegenspieler zuvor kooperiert, so kooperiert auch der Tit-for-Tat-Spieler. Hat der Gegenspieler in der Vorrunde hingegen „unfreundlich" agiert, so antwortet der Tit-for-Tat-Spieler (zur Vergeltung) ebenfalls mit einer negativen Reaktion. Die Strategie ist anfällig für Störungen, insbesondere, wenn es zu Missverständnissen der Spieler über „freundliches" bzw. „unfreundliches" Verhalten kommt.

Tripod: eine Konstruktion aus drei langen Stangen (meistens Baumstämme), die oben verbunden sind und zu einem dreibeinigen Turm aufgestellt werden. Im oberen Teil können sich mit Hilfe von Schlaufen oder Gurten Menschen einhängen. Tripods werden in der Umweltbewegung beispielsweise für Straßen-, Wald, aber auch für Werksblockaden genutzt, um eine Räumung zu verhindern oder zu erschweren.

V

Vagantendichtung: weltliche lateinische Lyrik und Spruchdichtung des Mittelalters, insbesondere des 12. und 13. Jahrhunderts mit volksnahen Einsprengseln

Vice versa: (lat.) andersherum, umgekehrt

Verve, die: (gehoben) Begeisterung, Schwung (bei einer Tätigkeit)

Vinyl, das: Vinylplatte, Schallplatte

W

WTF: Abkürzung für *What the fuck;* in der deutschen Übersetzung in etwa „Was zum Teufel?" oder „Was zur Hölle?" Mit dem Kürzel wird Verwunderung oder Entsetzen ausgedrückt.

X

Xanthippe: steht für eine streitsüchtige, bösartige, übellaunige Frau; Xanthippe war die Ehegattin des Philosophen Sokrates (469–399 v. Chr.). Sie ging als zänkische Frau in die Literatur ein, die ihrem Mann das Leben vergällt und zur Hölle gemacht habe.

Z

Ziviler Ungehorsam: (lat.) *civilis* = bürgerlich, d.h. eigentlich „bürgerlicher Ungehorsam"; die Wurzeln dieser Form des Protestes reichen bis in die Antike zurück. Bekannte Beispiele für zivilen Ungehorsam in neuerer Zeit sind Mahatma Gandhi, Nelson Mandela und Martin Luther King. Von zivilem Ungehorsam spricht man, wenn jemand aus Gewissens- oder Vernunftgründen bewusst gegen rechtliche Normen verstößt, die er als ungerecht empfindet und dadurch auf Missstände hinweist, auch auf die Gefahr hin, dass er wegen des Regelverstoßes bestraft wird. Wesentlich ist das Prinzip der Uneigennützigkeit. Kein ziviler Ungehorsam liegt demnach vor, wenn ein Mensch aus egoistischen Motiven heraus handelt. Ziviler Ungehorsam ist in Deutschland weder eine Ordnungswidrigkeit noch eine Straftat. Werden durch konkrete Handlungen jedoch Rechtsnormen verletzt, erfolgt eine Sanktionierung auf dieser Grundlage, z. B. Hausfriedensbruch, Sachbeschädigung, Körperverletzung, Nötigung.

Zweitbestes Bett: William Shakespeare vermachte in seinem Testament seiner Frau (u. a.) das „zweitbeste Bett"; es besteht kein Konsens, ob das lieblos oder eine besondere Ehre war, da zu jener Zeit das „beste Bett" oft nur zur Repräsentation gedient habe, in dem Gäste untergebracht wurden, während das „zweitbeste Bett" als gemeinsamer Schlafensort eines Ehepaars einen besonderen ideellen Wert gehabt habe.

Öffentlichkeitsarbeit (PR)

Mit einem Hammer
schlägt man Nägel in die Wand;
drum wird er Werkzeug genannt.

Mit seinem Hammer
zerschlägt der Gärtner alte Töpfe,
der Mörder seiner Opfer Köpfe.

Köpfe einschlagen geht auch verbal.
Handwerk ist den meisten egal.

▷ *Die Aufgabe der PR liegt nicht in einer wissenschaftlichen Ausbildung des einzelnen, sondern in einem Hinweisen der Menschen auf bestimmte Tatsachen, Vorgänge, Notwendigkeiten usw. [...] Die Kunst liegt nun ausschließlich darin, dies in so vorzüglicher Weise zu tun, daß eine allgemeine Überzeugung von der Wirklichkeit einer Tatsache, der Notwendigkeit eines Vorganges, der Richtigkeit von etwas Notwendigem usw. entsteht. – S. 499 (189)*

▷ *Gerade darin liegt die Kunst der PR, daß sie die gefühlsmäßige Vorstellungswelt der Menschen begreifend, in psychologisch richtiger Form den Weg zur Aufmerksamkeit und weiter zum Herzen der breiten Masse findet. – S. 501 (190)*

▷ *Es ist falsch, der PR die Vielseitigkeit etwa des wissenschaftlichen Unterrichts geben zu wollen. Die Aufnahmefähigkeit der Menschen ist nur sehr beschränkt, das Verständnis klein, dafür jedoch die Vergeßlichkeit groß. Aus diesen Tatsachen heraus hat sich jede wirkungsvolle PR auf nur sehr wenige Punkte zu beschränken und diese schlagwortartig so lange zu verwerten, bis auch der Letzte unter einem solchen Worte das Gewollte sich vorzustellen vermag. Sowie man diesen Grundsatz opfert und vielseitig werden will, wird man die Wirkung zum Zerflattern bringen, da die Mehrheit den gebotenen Stoff weder zu verdauen noch zu behalten vermag. – S. 501 (190)*

▷ *Jede Abwechslung darf nie den Inhalt des durch die PR zu Bringenden verändern, sondern muß stets zum Schlusse das gleiche besagen. So muß das Schlagwort wohl von verschiedenen Seiten aus beleuchtet werden, allein das Ende jeder Betrachtung hat immer von neuem beim Schlagwort selber zu liegen. Nur so kann und wird die PR einheitlich und geschlossen wirken. – S. 511 (195)*

▷ *[...] Die allererste Voraussetzung jeder Marketingmaßnahme überhaupt: nämlich die grundsätzlich subjektiv einseitige Stellungnahme derselben zu jeder von ihr bearbeiteten Frage. [...] Was würde man zum Beispiel über ein Plakat sagen, das eine neue Seife anpreisen soll, dabei jedoch auch andere Seifen als „gut" bezeichnet? – S. 503/505 (191/192)*

Wörterliste II

Euphemismus: beschönigende, verhüllende, mildernde Umschreibung für ein anstößiges oder unangenehmes Wort; das Gegenstück ist der Kakophemismus, eine negative, herabsetzende Umschreibung für ein neutrales oder positives Wort. Euphemismus und Kakophemismus gelten als rhetorische Figuren.

Marketing: Ausrichtung eines Unternehmens auf die Förderung des Absatzes durch Betreuung der Kunden, Werbung, Beobachtung und Lenkung des Marktes sowie durch entsprechende Steuerung der eigenen Produktion.

Öffentlichkeitsarbeit: das Bemühen von Organisationen oder Institutionen (z. B. Parteien, Unternehmen o. Ä.), der Öffentlichkeit eine vorteilhafte Darstellung der erbrachten Leistungen zu geben; *Synonym:* **Public Relations (PR).**

Propaganda

1. systematische Verbreitung politischer, weltanschaulicher o. ä. Ideen und Meinungen mit dem Ziel, das allgemeine Bewusstsein in bestimmter Weise zu beeinflussen;
2. Reklame (bes. Wirtschaft).

Framing: (engl.) *frame,* „Rahmen". F. ist der Prozess einer Einbettung von Ereignissen und Themen in Deutungsraster. Komplexe Informationen werden dadurch selektiert und strukturiert aufbereitet, so dass eine bestimmte Problemdefinition, Ursachenzuschreibung, moralische Bewertung und/oder Handlungsempfehlung in der jeweiligen Thematik betont wird.

Priming: bezeichnet in der Psychologie die Beeinflussung der Verarbeitung eines Reizes. Die Medienwirkungsforschung bezeichnet Priming-Effekte, die im Kontext der Massenmedien bestimmte Verhaltens- oder Einstellungsänderungen erklären, als **Medien-Priming.** Vereinfacht ausgedrückt versteht man darunter, dass Medienkonsumenten spezifische politische Akteure bevorzugt nach denjenigen Kriterien beurteilen, die in der allgemeinen Medienberichterstattung verstärkt thematisiert wurden.

Wording: steht für eine Sprachregelung in der Öffentlichkeitsarbeit, d.h. eine Anweisung oder Übereinkunft, wie bestimmte Dinge zu bezeichnen sind, wenn die Sprache an sich verschiedene Möglichkeiten zuließe. Sprachregelungen können festlegen, wie und wann und in welchem Zusammenhang einzelne Wörter und Erklärungen anzuwenden sind, welche Wörter und Erklärungen zu vermeiden sind, und welche Ausdrücke stattdessen zu verwenden sind. Sprachregelungen sind heute in Politik und Behörden, aber auch in den meisten größeren Organisationen üblich. Sie stellen sicher, dass Äußerungen verschiedener Teile der Organisation nicht widersprüchlich klingen, obwohl sie das Gleiche aussagen bzw. das Gleiche gemeint ist. Außerdem sorgen sie (wenn sie eingehalten werden), dass nur das gesagt wird, was die Leitung der betreffenden Organisation vermitteln möchte. Eine Sprachregelung beinhaltet oft einen **Euphemismus.** Sprachregelungen dienen im politischen Bereich vor allem dazu, eine bestimmte Sichtweise von Dingen oder Zuständen im Bewusstsein der Öffentlichkeit zu verankern. Ein Begriff wird dann wie ein Markenname genutzt; mit ihm besetzt man ein politisches Thema.

KISS-Prinzip: Das KISS-Prinzip (engl. urspr. *Keep it simple, stupid*) fordert, eine möglichst einfache Lösung für ein Problem anzustreben. In seiner Grundaussage ähnelt das Prinzip der Aussage von Ockhams Rasiermesser: Wenn es mehrere Erklärungen für einen bestimmten Sachverhalt gibt, dann ist diejenige Erklärung zu bevorzugen, die am einfachsten ist, also mit den wenigsten Annahmen und Variablen auskommt. Die Abkürzung KISS wird inzwischen unterschiedlich aufgelöst; *„simple"* ist jedoch stets enthalten, z.B. *Keep it simply stupid* (Gestalte es einfach idiotensicher), *Keep it simple and smart* (Mach es einfach und schlau), *Keep it short and simple* (Gestalte es kurz und einfach; aus dem Bereich des Marketing).

Die *Keep-it-short-and-simple*-Version wird auch gemeinsam mit dem Prinzip PEE *(Point, Evidence, Explain:* Behaupte, Belege, Erkläre) an englischen Schulen und Universitäten im Zusammenhang mit dem Schreiben von Essays, Inhaltsangaben und Interpretationen gelehrt. Außerdem findet das KISS-Prinzip in der *Keep-it-short-and-simple*-Version Verwendung im Journalismus, hier auch im Zusammenhang mit den W-Fragen (= Fragewörter mit „W" – Wer, was, wo …), um einen Sachverhalt zu erschließen.

Quellennachweis:

für die Wörterliste: Dahinden, Urs: Framing. Eine integrative Theorie der Massenkommunikation, Forschungsfeld Kommunikation Bd. 22, Köln 2018; Scheufele, Bertram: Priming. Konzepte. Ansätze der Medien- und Kommunikationswissenschaft, Bd. 14, Baden-Baden 2016; Skript Medientraining (nicht öffentl.); Begriffe auch: www.wikipedia.de, www.duden.de, Abruf 23.10.2020.

für die Aufzählung (S. 270, 271) Oppermann, Jürgen: Das Drama *Der Wanderer* von Joseph Goebbels. Frühformen nationalsozialistischer Literatur, (Dissertation), Karlsruhe 2005, Seite 243 mwN; Hartmann, Christian et. al. (Hg.): Hitler, Mein Kampf. Eine kritische Edition, Bd. 1, Berlin 2016; 1. Zahl: Seite in der krit. Edition, 2. Zahl (in Klammern): Seite in der Originalausgabe „Mein Kampf" von 1926/30.

Anm.: Bei der Aufzählung handelt es sich um Originalzitate aus „Mein Kampf"; ersetzt wurden lediglich: „(große) Masse" durch „Menschen", „Menge" durch „Mehrheit" und „Propaganda" durch „PR" bzw. „Marketingmaßnahme".

Bildnachweise, Literatur

Bildquellen*

Busch, Wilhelm: 57, 58, u.a. in: Sämtliche Werke, Gütersloh 1959, 144, 145

Hahn, N.: 2, 22, 45, 49, 79 (Skulptur: Vierseitig), 87, 103, 106 (Fenster in Eisenach), 107 (Mohr), 117, 139 (Esterel, Zeichnung 2009), 147, 149 (Fix), 166/167, 168/169, 184, 186/187, 220/221, 222/223 (für die bearb. Abb. aus dem „Poetischen Reichsjuristen"), 277 u. 286 (Fassaden in Frankfurt a. M.), 288 u. Coverfotografien

Hoffmann, Dr. Heinrich: 98, s.d.; 99–101, Reprint um 1890, Augsburg 1998

www.fotolia.de *(deaktiv; jetzt stock.adobe.com)*: AirOne 274; dedMazay 280; Dimitry 281; dipego 277, Edvard Molnar 159; Falko Matte 126/127, Hand-Paragraf; ferkelraggae 18; Friedberg 281; Jose Gil 260 links; Petr Vaclavek 243; queidea 229 (b; gedreht), The Last Word 124(b); Tomasz Trojanowski 260 rechts, Torbz 14, Visual Concepts 277, WoGi 125(b) Beschnitt; i3alda 109

Nabbefeld, Sandra: 3, 281, 288 (Bücherschmetterlinge)

www.pixabay.de: Adina_Voicu-cat 173(b); Alexander_Lesnitzky 134, 135, Mütze; Alexas_Fotos 89, 90, unten; Anna_Larin-Vorlage 191(b), Hintergrund; AnnaliseArt-tree 119, 239, 246, 252, 253, 256; ariel1200s-mockup 104/105, Hintergrund; Augusto_Ordonez 134; BedexptStock-sit 69; cat-1299082_1280 30; bulba1-diary 279; Christian_Dorn 126/127, von links: Figuren 2 u. 4; Clker-Free-Vector-Images 66, 72(b), 77, 126 Fisch rechts oben, 141, 240, 241 Icon, Huhn; cow-icon 46; eileen_Catasus_Chapman 240 Boots; ElsaRiva-thieves 125, links oben; Engin_Akyuer_coffee 5; fairy-tale 28(b), 120(b), fishbones 177, funny-3459623-1 38, Gert_Altmann 80(b), 121(b), 125(b; anderer Kopf), 136(b); gold-elsa_cookies 8; Gordon-Johnson-child 178/179, Hintergrund; Gundula_Vogel_macarons 151(b), HansBraxmeier 107(b), Hermann+F-Richter-gulls 90; Inviertlerin_christmas 6; Jo-B-girl 185; Katarzyna_Tyl_cat 172; Lillybeth-birthday 146; Linie_Lovebirds 145; Magdalena_Bednarova 126/127 Rahmen; menthal-health 108; Miroslavik_Cookies 176/177; mohamed-hassan_silhouette 135 Einbrecher, 179 Frau/Kind, 240, 241 (3); Mudassar_Iqbal_clipart, Backcover, Fische; Nina_Garman 125, Kopf; N. N. 8 Rahmen; 16 career, 26 Buch; 42, 94, 107, frame; 51 city; 60 Hand(b), get down; 61 direction; 116(b) stress; 123 seagull; 125(b) Fingerspiel, unten rechts; 125 Fisch; 126 Fisch, links oben; 127 Police; 150 Smiley; 160 coffee-cup; 160 Meerfenster, 183 fishbones; 188 stairs; 219 Treppe mit Bogen; 222/223 Rahmen, 241 Hund; OpenClipart-Vectors 67, 135 Polizist, 224 Polizist, 240 Vogel, 273/286/287(b) Geist; OpenIcons 238; Pete_Lindforth 126, Figur links; Richardhauck_mohr-heads 104/105, Bildmitte; Prawny-emotions (Smileys) 134; Thanks-for-your-Like 122; ThomasWolter 125(b) window; Together-magazinebake 191, Backmotiv; VictorianLady.teapot 21(b), window-3184131, 156

195–215: **www.wikipedia.de**+Name; Künstlerporträts und Illustrationen in chronologischer Reihenfolge; **Bierbaum**: Radierung v. Lindner, 1899, (Ausschn.), https://

*Die im Original überwiegend farbigen Bilder wurden in Schwarzweiß konvertiert; sofern darüber hinaus Bearbeitungen vorgenommen wurden (Belichtung, Beschnitt, Motivfreistellung), ist das mit einem (b) gekennzeichnet. Für (gemeinfreie) Abb. mit der Bezeichnung N.N. konnten die Originalquellen nicht (mehr) ermittelt werden. Historische Abb. zum Thema Karikatur s.S. 225–233.)

commons.wikimedia.org/wiki/File:Otto_Julius_Bierbaum_-_Radierung_von_Johann_Lindner,_1899.jpg; **Busch:** Fotografie v. Edgar Hanfstaengl, 1878; **Claudius:** nach einem Gemälde von Friederike Leischning; **Fontane:** Zeichnung v. Georg Friedrich Kersting, 1843; Porträt um 1860, Quelle unbek.; Gemälde von Carl Breitbach, 1883; **Goethe:** Gemälde von J. Karl Stieler, 1828; Über allen Gipfeln: Fotografie von August Linde, 1869, veröffentlicht in „Die Gartenlaube", 1872; **Gryphius:** Kupferstich v. Philipp Kilian, 17. Jh., Näh. n.b.; **Heine:** Gemälde von Moritz Daniel Openheim, 1831; der kranke Heine: Bleistiftzeichnung v. Charles Gleyre, 1851; **Hessel:** Fotografie vor 1910, undatiert, Näh. n.b.; **Heyse:** Fotografie um 1885 (Ausschn.); **Hille:** Gemälde v. Lovis Corinth, 1902 (Ausschn.); **Hoffmann:** Fotografie aus dem Atelier Hermann Maas, Frankfurt a. M., um 1880; Weiteres n.b.; **Holz:** Porträt von Erich Büttner, 1916 (Ausschn.); **Klabund:** Fotografie von 1928, Dt., Bundesarchiv (Ausschn.); **Kopisch:** Kupferdruck einer Heliogravüre um 1829; **Kraus:** Fotografie vor 1937, Näh. n.b.; **Lenau:** Gemälde von Friedrich Amerling, 19. Jh., Näh. n.b.; **Lessing:** Gemälde von Anna Rosina de Gasc, 1767/1768; **Logau:** Porträt nach einem historischen Stich, Näh. n.b.; bearbeitet: Hahn, N.; **Mörike:** Bleistiftzeichnung von 1824, Näh. n.b.; Lithografie von Bonaventura Weiß, 1851 (Ausschn.); **Morgenstern:** Fotografie um 1910, Näh. n.b.; **Mühsam:** Fotografie von 1928, Fotograf n.b.; **Richey:** Porträtkupferstich um 1754 (Ausschn.); **Ringelnatz:** Fotografie von Hugo Erfurth um 1930; **Scheerbart:** Fotografie von Wilhelm Fechner, 1897; **von Scheffel:** Zeichnung von Anton von Werner, 1867; **Schlegel:** Zeichnung um 1800, Quelle unbekannt; **Seidel:** Fotografie von Löschner & Petsch, um 1890, ursprünglich eine Fotokarte mit Seidels Signatur; siehe 216; **Storm:** Fotografie vor 1888; Näh. n.b. (Ausschn.); **Tucholsky:** Fotografie in Paris, 1928; Familienaufnahme/Sonja Thomassen, Norwegen (Ausschn.); 217: Erika Fuchs, Ehrenplakette an ihrem ehemaligen Wohnhaus, (Ausschn.), https://upload.wikimedia.org/wikipedia/commons/2/20/Erikafuchsgedenkplakette.jpg; 219: „**Immanuel Kant, Senf zubereitend**"; Zeichnung v. Friedrich Hagemann, 1801

250: **Grimmelshausens Roman „Der abentheuerliche Simplicissimus"**, 1669; Fontispitz; Bildunterschrift unten: *„Ich ward gleich wie Phoenix durch Feuer geboren/ Ich flog durch die Lüffte? Ward doch nicht verloren/ Ich wandert im waßer ich streiffte zu Land, in solchem Umschwermen macht ich mir bekant/ was oft mich betrübet und selten ergetzet. was war das? Ich habs in dies Buch hier gesetzt/ Damit sich der Leser gleich wie ich itzt thu, entferne der Torheit und Lebe in Ruh."*

251: **Nathan der Weise** von G. E. Lessing: Foto des Urdrucks der Erstausgabe (noch ohne Verlagsangabe) auf Subskriptionsbasis von 40 Exemplaren; https://de.wikiversity.org/wiki/Lessing,_G._E._(1779); Fotografie von H.-P. Haack

259: **Die Lutherbibel von 1534**; Text auf der Titelseite: *„Biblia/ das ist/ die gantze Heilige Schrifft Deudsch. Mart. Luth. Wittemberg. Begnadet mit Kurfürstlicher zu Sachsen freiheit. Gedruckt durch Hans Lufft. M. D. XXXIIII"*, Foto: Torsten Schleese (bearb; freigestellt)

261: **Beelzebub:** https://commons.wikimedia.org/wiki/File:Beelzebub.png, 265: **Mohr:** https://commons.wikimedia.org/wiki/File:Mauritius_Kopf.jpg

Literaturverzeichnis

Braem, Harald: Die Macht der Farben, 5. Aufl., München 2003

Boghossian, Paul: Angst vor der Wahrheit, Ein Plädoyer gegen Relativismus und Konstruktivismus, 4. Aufl., Berlin 2019

Busch, Wilhelm, Hochhuth, Rolf (Hg.): Wilhelm Busch. Sämtliche Werke und eine Auswahl der Skizzen und Gemälde in zwei Bänden, Bd. 1. Und die Moral von der Geschicht, Gütersloh 1959

Busch Wilhelm: Zu guter Letzt, München 1904

Dahinden, Urs: Framing. Eine integrative Theorie der Massenkommunikation, Forschungsfeld Kommunikation Bd. 22, Köln 2018

Die Bibel oder die ganze Heilige Schrift des Alten und Neuen Testaments nach der Übersetzung Martin Luthers, Stuttgart 1975

Drowskowski, Günther; Scholze-Stubenrecht, Werner (Bearb.): Duden, Redewendungen und sprichwörtliche Redensarten, Bd. 11, Mannheim u.a. 1992

Dünker, H. (Hg.): Goethes Werke. Illustriert von ersten deutschen Künstlern, 5 Bde., 5. Aufl., Stuttgart ca. 1902; unveränderter Nachdruck, Augsburg 1997

Dudenredaktion (Hg.): Duden, Das große Buch der Zitate und Redewendungen, 2. Aufl., Mannheim u.a. 2007

Eddo-Lodge, Reni: Warum ich nicht länger mit Weißen über Hautfarbe spreche, Stuttgart 2019/2020

Etymologisches Wörterbuch des Deutschen, 2. Aufl., München 1997

Fleischauer, Jan: How dare you! Vom Vorteil, eine eigene Meinung zu haben, wenn alle dasselbe denken, München 2020

Grimm, Jacob und Wilhelm: Deutsches Wörterbuch, Bde. 1–33; Nachdruck der Erstausgabe 1852–1971, München 1999

Hahn, Nikola: Baumgesicht. Prosa & Poesie, Rödermark 2013, S. 163

Hartmann, Christian et al. (Hg): Hitler, Mein Kampf. Eine kritische Edition, Bd. 1, München, Berlin 2016

Heine, Heinrich: Sämtliche Werke, Neue Ausgabe in 4 Bänden; auf der Grundlage einer Ausgabe von 1887, Augsburg 1998

Hellwag, Fritz: Die Polizei in Einzeldarstellungen, Bd. 12, Die Polizei in der Karikatur, Berlin 1926

Hoffman, Arne: Feindbild weiße Männer. Der rassistische Sexismus der identitätspolitischen Linken, Springen 2019

Hoffmann, Heinrich: Der Struwwelpeter oder lustige Geschichten und drollige Bilder für Kinder von 3–6 Jahren, Nachdruck einer Ausgabe um 1890, Augsburg 1998

Jacobs, Steffen (Hg.): Die komischen Deutschen. 881 gewitzte Gedichte aus 400 Jahren, 3. Aufl., Frankfurt am Main 2004

Jaster, Romy; Lanius David: Die Wahrheit schafft sich ab. Wie Fake News Politik machen, 3. Aufl., Ditzingen 2019

Junker, Robert: Taschenhirn. Gebündeltes Wissen in Listen, 10. Aufl., Frankfurt am Main 2020

Kelle, Birgit: Noch Normal? Das lässt sich gendern. Gender-Politik ist das Problem, nicht die Lösung, 2. Aufl., München 2020

Kissler, Alexander: Die infantile Gesellschaft, Wege aus der selbstverschuldeten Unreife, Hamburg 2020

Küpper, Heinz: Illustriertes Lexikon der deutschen Umgangssprache, Bd. 1–8, Stuttgart 1984

Liessmann, Konrad Paul: Die großen Philosophen und ihre Probleme, 4. Aufl., Wien 2003

Luther, Martin: Biblia Germanica, Wittenberg 1545, Reprint 1967

Meinhardt, Birk: Wie ich meine Zeitung verlor, Ein Jahrebuch, 3. Aufl., Berlin 2020

Oppermann, Jürgen: Das Drama *Der Wanderer* von Joseph Goebbels. Frühformen nationalsozialistischer Literatur (Dissertation), Karlsruhe 2005, **online:** https://publikationen.bibliothek.kit.edu/1000003414, letzter Aufruf 02.11.2020

Reymond, M.: Poetischer Reichsjurist. Strafgesetzbuch für das deutsche Reich in Gedächtnisversen, Leipzig 1882

Richardt, Johannes (Hg.): Die sortierte Gesellschaft. Zur Kritik der Identitätspolitik, Frankfurt 2018

Scheufele, Bertram: Priming. Konzepte. Ansätze der Medien- und Kommunikationswissenschaft, Bd. 14, Baden-Baden 2016

Schiller: Sämtliche Werke in vier Bänden. Mit einer biografischen Einleitung von Prof. Dr. J. Wychgram; auf der Grundlage einer Ausgabe v. 1890, Augsburg 1998

Schreck, Joachim (Hg.), **Klabund:** Die Harfenjule. Gedichte, Berlin (DDR) 1982

Shakespeare, William: Dramatische Werke. Nach der Originalübersetzung von August Wilhelm von Schlegel und Ludwig Tieck, ausgewählt und bearbeitet von Wolfgang Buresch, 2. Band, Leipzig 1927

Sow, Noah: Deutschland Schwarz Weiß: Der alltägliche Rassismus, Norderstedt 2018

Steputat, Willy: Reimlexikon, Stuttgart 1997

Stern Nr. 40/24.9.2020 #kein Grad weiter

Tucholsky, Kurt; Gerold-Tucholsky, Mary (Hg.), **Raddatz, Fritz J.** (Hg.): Gesammelte Werke, Bd. 1–10, München 1972

Wiesböck, Laura: In besserer Gesellschaft. Der selbstgerechte Blick auf die Anderen, 3. Aufl., Wien 2019

Wittgenstein, Ludwig: Tractatus logico-philosophicus, Logisch-philosophische Abhandlung, 37. Aufl., Frankfurt am Main 2018

Danke für den Regenbogen

- Lächeln, lachen, verrückte Sachen machen
- Auf Wolke sieben schweben, in feuchten Zelten leben
- Schwätzen, schweigen, Neues zeigen
- Kritik ertragen, Neues wagen, viele Fragen
- Reuen, verzeihen, Hände reichen, Wände streichen
- Kekse backen, Beete hacken
- Alle Tage, keine Frage, am Morgen stets ein Lächeln schenken
- An den Gutenachtkuss denken
- Eilen, weilen, sorgen, zwischendrin ein Lächeln borgen
- Im Baumhaus träumen, Kirschen essen: nur ich, du schaust zu
- Endlich Dach und Keller räumen
- Tage vergammeln, Pilze sammeln
- Whisky trinken, Motorrad fahren, wandern
- Respekt vorm andern, die Reise nach Flandern
- Im Sommer am Meer in die Wellen schauen
- Sich auf neue Wege trauen
- Über Falten lachen, immer noch Verrücktes machen
- Molche klauen, in die Sterne schauen, Frösche auf dem Dach
- Lesen, diskutieren an unserem kleinen Bach
- Blumen essen, Kräfte messen
- Gemeinsam grillen und genießen, abends die Tomaten gießen
- Beruflich in die Vollen gehen, trotzdem stille Stunden sehen
- Gitarre spielen, Bücher schreiben, immer bei sich selber bleiben
- Sonntags *Café au lait* in Riesentassen, und manchmal, ungelogen:
- Zum Frühstücksei ein Regenbogen.

Liebe Zeit, ich kann's nicht fassen!
So viele Jahre, so viele Dinge,
laut und leise, trubelig, still.

Weißt Du noch, im Standesamt?
Oma verdutzt, der Beamte, der stutzt:
Die haben ja nicht mal Ringe!
Ich würde es glatt wieder wagen,
– Ja, ich will!,
  statt nur auf dem Vorsatzblatt
  hier exklusiv:

Dir

ein dickes

Danke sagen.

Verlag und Philosophie

Sherlock Holmes, der Meisterdetektiv,
Grub lang und tief;
Es waren schlimme Geister, die er rief,
Denn bei Thoni lief es gründlich schief.
Ein Verlag, der keine Bücher hat?
Das ist doch glatt –
Der Beweise sind genug: Betrug!

Vom Denken kriegt der Meister Knoten
Ins kluge Detektionsgehirn;
Verlage ohne Bücher? Gehören subito verboten!
Der Schweiß rutscht von der Stirn,
Rinnt über Wangen bis zum Kinn dahin:
Verflixt noch mal, wo ist in diesem Laden,
Bitteschön, der Sinngewinn?

Hat dieser Thoni etwa einen Schaden?
Im übelsten Gerüchtekleister
Suhlt sich seufzend bald der Meister,
Studiert im Netz, zieht alte Akten,
Sammelt fleißig Fakes und Fakten,
Schwebt in lichten Höhen höchster Deduktion
Und schon –
Wird er von Thoni ausgelacht!

Dein ach so logischer Schluss,
Lieber Sherlock, ist der reine Stuss!
Na, sag: Was, bitte, ist ein Verlag?
Der Detektiv setzt an,
Verschnupft und voll Verdruss,
Doch ehe er dozieren kann,

Hat Thoni einen Scherz gemacht.
Frisch aus der Druckerei
Bringt er ein dickes Buch vorbei.

Da haben wir den Salat! Der Thoni Verlag war nämlich tatsächlich ein Verlag ohne Bücher, und zwar in einem interaktiven Schreibprojekt im World Wide Web vom September 2011 bis zu einem lauten *April, April!* im Jahre 2012. Die Verlagsgeschichte ist zum Fremdschämen und dem Hirn einer Autorin entsprungen, die im Zeitalter modernster Medien nicht aufhören kann von verstaubten Buchhandlungen zu träumen, in denen gemütliche Ohrensessel herumstehen. Sie sind verwirrt? Aufklärung gibt es natürlich im Netz.* Für das, was Leserinnen und Leser brauchen, reicht aber auch schlichtes Weiterblättern, denn der Thoni Verlag hat sich das Motto gegeben:

Einfach schöne Bücher machen!

Thoni-Bücher sind weder von der Stange noch Haute Couture: Auf hochpreisig Ledergebundenes verzichten wir ebenso wie auf Flatrates und Saisonware für die Bücher-Reste-Rampe. „Einfach schöne Bücher" wollen nicht ins Altpapier wandern, nicht hinter Glas oder im Regal verstauben, sondern gern und immer wieder in die Hand genommen, gelesen und zerlesen werden. Thoni-Bücher möchten Gebrauchsliteratur im besten Sinne sein. Wir hoffen, wir können mit dem kleinen Einblick ins Verlagsprogramm auf den folgenden Seiten ein wenig Ihre Neugier kitzeln.

* www.thoni-verlag.eu/verlag/thoni-der-verrückte-verlag/

Aus dem Verlagsprogramm

Krimis zur Kriminalistik

Nikola Hahns historische Kriminalromane verbinden eine spannende Krimihandlung mit akribisch recherchierter Gesellschaftsgeschichte und lassen die Anfänge und Entwicklung der Kriminalistik in Deutschland lebendig werden.

Die Detektivin
Kriminalroman

- Hardcover, Großformat m. Stadtkarte
  ISBN 978-3-944177-54-0
- Paperback, Großformat, einige Abb.
  ISBN 978-3-944177-50-2
- eBook, ISBN 978-3-944177-2

Frankfurt am Main, 1882: *Glashaus* nennen die Kinder die Orangerie, die Dr. Könitz einst für seine Frau bauen ließ. Dass das imposante Gebäude ein schreckliches Geheimnis birgt, ahnt niemand, als nach einem fröhlichen Volksfest die Dienstmagd Emilie verschwindet.

Die Farbe von Kristall
Kriminalroman

- Hardcover, Großformat m. Stadtkarte
  ISBN 978-3-944177-55-7
- Paperback, Großformat, einige Abb.
  ISBN 978-3-944177-51-9

Die eBook-Ausgabe umfasst zwei Teile:
- ISBN 978-3-944177-29-8 (Teil 1)
- ISBN 978-3-944177-30-4 (Teil 2)

Frankfurt, 1904: Ein Klavierhändler wird in seinem Geschäft mitten in der Innenstadt beraubt und erschlagen. Die Spuren führen zu einem Kriminalrätsel von Meisterdetektiv Sherlock Holmes, in dem offenbar der Schlüssel zur Entdeckung des Mörders verborgen ist.

Die Startbahn
Eine Erzählung – Eine Erinnerung
- ❏ Pb, farbig illustr., ISBN 978-3-944177-18-2
- ❏ Pb, sw-illustriert, ISBN 978-3-944177-17-5
- ❏ eBook, farbig, ISBN 978-3-944177-00-7

1987 wurden zum ersten und einzigen Mal seit der Gründung der Bundesrepublik Polizeibeamte während einer Demonstration erschossen. Die Ereignisse an der Startbahn West des Frankfurter Flughafens gingen als „Startbahnmorde" in die Geschichte ein. Nikola Hahn erlebte die Ausschreitungen hautnah mit und hielt ihre Gefühle in ihren Tagebüchern fest. Erst fünfundzwanzig Jahre später veröffentlichte die Autorin und Kriminalbeamtin ihre privaten Aufzeichnungen über jene Tage, die sie auch als Schriftstellerin geprägt haben.

ROMANPROJEKT VERBOTENER GARTEN
Ein Lesevergnügen für jede Jahreszeit!

Nikola Hahns Märchenroman
Der Garten der alten Dame
ist passend zu jeder Jahreszeit in einer *Special Edition*
mit entsprechendem Cover und als illustriertes eBook erhältlich.
Unter *Mrs. Meyer's Magical Garden* erscheint der Roman auch auf Englisch.

Frühlingsausgabe farbiges Paperback 978-3-944177-10-6

Sommerausgabe sw-illustr. Paperback 978-3-944177-13-7 eBook, sw-illustr. 978-3-944177-01-4

Herbstausgabe sw-illustr. Paperback 978-3-944177-14-4

Winterausgabe Paperback 978-3-944177-16-8

... *und die Liebhaberausgabe*:
Der Garten der alten Dame als **literarisches Geschenkbuch**, gebunden mit Lesebändchen, durchgehend farbig gestaltet, ISBN 978-3-94177-12-0

Geschenkbuchreihe "Lesen im Quadrat"

Die schöne und sinnige Verbindung von Bildern und Worten ist der Autorin und Künstlerin Nikola Hahn ein besonderes Anliegen. In der Geschenkbuchreihe *Lesen im Quadrat* verbindet sie ihre Leidenschaften Schreiben, Zeichnen und Fotografie und möchte ihre Leser inspirieren, selbst kreativ zu werden und den Geschichten und Bildern eigene Farben zu geben. Deshalb erscheinen die Bände dieser Reihe in unterschiedlichen Aufmachungen (schwarzweiß/farbig) im Paperback. Band 1 und 3 sind auch als farbige Geschenkbuchausgaben im Hardcover erhältlich. Ausführliche Informationen, Lese- und (Bilder-)Schauproben finden Sie auf der Website des Verlags (www.thoni-verlag.com).

Wie das Schneeglöckchen zu seiner Farbe kam.
Märchen – Bilder

Ein Mal- und Märchenbuch für Erwachsene und Kinder. Zum Lesen, Träumen und Erinnern. Zum Vorlesen, Fragen, Entdecken, Ausprobieren. Mit fantasievollen Bildern, „Fakten zur Fiktion" und einem ungekürzten Nachdruck von Hans Christian Andersens Märchen „Das Schneeglöckchen" von 1884.

Band 1

Erhältlich als:
Paperback, farbig illustr.
ISBN 978-3-944177-26-7
Paperback, sw-illustr.
ISBN 978-3-944177-27-4
eBook, farbig illustr.
ISBN 978-3-944177-25-0
Hardcover, farbig illustr.
ISBN 978-3-944177-59-5

Baumgesicht. *Prosa & Poesie*

Geschichten aus dem Leben und lyrische Gedanken, die wie Sandkörner im Kofferraum an das Licht und die Leichtigkeit eines Sommertags am Meer erinnern. Und an die Sehnsucht nach einer Prise Glück in der betriebsamen Eile des Alltags, der die Zeit längst verloren hat.

Band 2

Erhältlich als:
Paperback, sw-illustr.
ISBN 978-3-944177-24-3
eBook, sw-illustr.
ISBN 978-3-944177-23-6

Singende Vögel weinen sehen. *HandyPoesie*

Poetische Gedanken über das Leben, illustriert mit Fotografien der Autorin, die passend zur Form ihrer Lyrik die Ästhetik der kleinen Dinge mit der Kamera eingefangen hat.

Band 3

Erhältlich als:
Paperback, farbig illustr.
ISBN 978-3-944177-20-5
Paperback, sw-illustr.
ISBN 978-3-944177-28-1
eBook, farbig illustr.
ISBN 978-3-944177-03-8
Hardcover, farbig illustr.
ISBN 978-3-944177-58-8

Formate der Farbausgaben: 21 x 21cm; Schwarzweißausgaben: 17 x 17 cm. Die nebenstehenden Abbildungen zeigen zwei Beispielseiten aus Band 1.

Ausgang

Zum Schluss steh ich, ich Tor!,
vor einer dicken Wand, davor
heb ich ein großes Loch empor,
doch das war, potz Blitz,
nur ein schlechter Witz.

Es ist kein Loch je drin gewesen!,
und wie das nun mal ist im Leben,
greif ich, kaum genesen,
wieder voll daneben,
und ein wunderschönes Nichts
beginnt, dem Himmel zuzustreben!

Wer noch immer einen Sinngewinn
in meinen Reimen sucht,
der sei, verflixt noch mal,
dreihundertdreißigmal verflucht!

Euer Loben, Weinen, Ärgern, Lachen
könnt ihr gern auf allen Wegen
dem Verlag zum Besten geben.
Nur eines bitte niemals machen!
Schreibt nicht diese Frage hin:
Hat dieses Buch auch einen Sinn?

Impressum

Anmerkung zum Literatur-/Bildverzeichnis

Verlag und Autorin haben sich bemüht, alle Quellen und originalen Fundstellen ausfindig zu machen und zu benennen, auch wenn das nicht vorgeschrieben ist. Ergänzungen bzw. Hinweise in Bezug auf den Quellenapparat bitte an den Verlag richten. Sollten Korrekturen erforderlich sein, werden wir diese umgehend vornehmen.

Vielen Dank.

Thoni Verlag

Inh.: Nikola Hahn
Am Seewald 19
63322 Rödermark
Thoni-Verlag@t-online.de
www.thoni-verlag.com